세상의 책

출판사 세상의 책 세계 이슈 시리즈 2편

글로컬 K-문학

책 읽는 부모님과 함께 보는 한국문학 입문
수능에서 IB까지 청소년을 위하여

저자 윤철오

Glocal K-Literature

The World's Books' Global Issues Series, Vol. 2

A Teen's Guide to Korean Literature
From Korean bacaleaureate to International
Baccaleaureate, with Reading Parents

세상의 책 글로벌 이슈
르몽드 디베르 2편
글로컬 K-문학

초판 1쇄 발행 2025년 7월
지은이　윤철오
펴낸이　이아영
책임편집 황혜진
펴낸 곳　세상의 책

주소　서울특별시 서초구 남부 순환로 2311-12
전화　010 7765 2677

본 서적의 내용 및 디자인에 대한 권리는 도서출판 세상의 책에 귀속되어 있으므로 책 내용 및 디자인의 사용 시 세상의 책으로부터 서면동의를 반드시 받아야 합니다.

글로컬 K-문학

책 읽는 부모님과 함께 보는
한국문학 입문
수능에서 IB까지 청소년을 위하여

목 차

추천사   08

Prelude   10

제 1 막   문학의 이해

       1-1 문학과 인간   14

       1-2 근현대 문학의 이해   23

       1-3 문학의 갈래와 특징   33

       1-4 문학 감상의 방법과 비평   64

제 2 막   한국 고유의 문학

- **2-1** 한국 문화와 문학   76
- **2-2** 한국 사회와 문학   110
- **2-3** 한국어와 문학   138
- **2-4** 문인들의 삶과 문학   148

제 3 막   한국문학이 세계문학과 함께 갈 때   164

부록   IB 한국 문학의 이해   174

Epilogue   길이 끝나자 여행이 시작되었다   192

추천사

윤희원

제목만 보아서는 내용을 예상하기 어려웠다 내가 도서관이나 서점의 직원이었다면 이 책을 어느 서가에 꽂아야 할지 당황스러울 듯하다 한국 문학? 한국 문학 작품? 수능 혹은 아이비 수험서?

원고 파일을 받아 책장을 넘겨 보니 1막과 2막은 한국 문학과 한국 문학 작품에 관한 내용이었다. 풍부한 이론과 동서고금을 넘나드는 다양한 장르의 작품을 통해 한국과 한국문학에 대해 설명하고 있었는데, 앞서 궁금했던 "글로벌"은 이미 다방면에 다각도로 깔려 있었다.

3막에서는 IB 한국문학 영역에 대한 해설부터 실제 문항에 대한 접근과 처리 방법까지 정확하고 상세하게 제시하고 있다. 내용과 서술 방식이 수험생에게는 생소하고 어려울 수도 있겠으나 이는 넘어야 할 산이라 하겠다.

읽어 내려가다 보니 이 책이 시험을 준비하기 위해서만 쓰기에는 아깝다는 생각이 들었다. 덜 글로벌한 시대부터 문학과 문학 작품을 접해온 어른과 어르신의 문학에 대한 안목과 접근 방식 을 점검하고 새로운 변화, 바라건대는 발전을 꾀하는데 이만한 자료가 없지 않을까 한다.

이 책의 저자는 평생 문학과 철학에 빠져 살며, Baccalaureat의 본고장인 Paris에서 오랜 동안 아이비 교육을 담당했었고 귀국해서도 나라 안팎을 이어주는 교육에 몸담아 왔다. 이 책은 그동안 쌓아온 저자의 이론적 지식과 경험, 그리고 가르침과 배움으로 이어진 제자 사랑의 한 장면이다

책을 덮으면서 요새 아이들은 참 어려운 시험을 보는구나 싶었다. 몇몇 작품의 스토리와 주제, 작가 약력을 암기했던 시절이 쉬웠다. 한편으로는 이런 교육을 어린 시절에 접하는 요새 아이들이 부럽기도 하다.

바라건대 눈앞에 닥친 시험을 위해서 이 책을 집어든 수험생은 시험도 잘 보고 여기서 배운 바를 평생 간직하고 활용했으면 좋겠다. 그리고 이 책을 접할 기회가 있었던 어른들도 "요새" 수준의 안목으로 "요새" 세상을 만끽하기 바란다.

추천사를 써 주신 윤희원 서울대 명예교수는 프랑스 7 대학에서 모국어 교육 연구로 박사학위를 취득한 후 모교인 서울대학교에서 한국어 교육의 세계화에 평생을 헌신하였다. 또한 서울대 연구 부처장, 국제 협력 본부 본부장을 역임하였다.

Prelude

서막

　한국문학은 오 천년 한국 역사와 그 궤를 같이 하며 한국민과 함께 해 왔다. 민중이 웃으면 문학도 함께 웃었고 백성이 울면 한국문학도 울었다. 백성들은 그런 한국 문학에서 위로를 받으며 역사의 소란스러운 전개 속에서 평화를 찾을 수 있었을 것이다. 국어를 빼앗기어도 문학을 빼앗기지는 아니하였다. 이상화 시인의 말마따나 들을 빼앗길 지언정 봄을 빼앗기지는 않았다. 민중이 분노하면 문학도 분노 하였다. 이은상 시인의 거룩한 분노가 그것은 아니었을까. 고지가 저기면 한국 문학은 백성들이 이곳에 멈추지 않고 나아갈 수 있도록 독려하였다.

　현대의 글로벌시대를 맞이하면서 그 동안 내공을 쌓아온 한국 문학은 그 저력을 발휘하기 시작한다. 스토리의 힘이 내면화 되어있고 시가 문학으로 음악과 언어의 아름다움을 일찍감치 깨달은 한국 민족은 그 힘을 발휘하기 시작한다. 드라마에서 영화에서 그리고 웹툰에서 그 스토리의 힘을 발휘한다. 그리고 시가 문학의 힘은 신명을 거쳐

K-POP 이라는 장르물이 되었다. 한강작가의 노벨 문학상 수상은 이때까지의 한국문학이라는 거인의 어깨에 앉은 결과물이다.

  이 책에서는 한국문학이 세계 문학과 어떻게 어깨를 견주는지, 그리고 한국문학의 생명이 무엇인지 독자 여러분과 찾아 갈 것이다. 길 즐거운 여정이 될 것이다.

  이제 여행을 시작해 보자.

제 1 막
문학의 이해

1-1. 문학과 인간

책장에 꽂혀 있는 문학 작품 중 아무거나 한 권을 뽑아보자. 어렸을 때 읽었던 동화나 판타지라도 상관없고 수업시간에 배운 어렵고 지루한 시집이어도 관계없다. 이 모든 작품들이 공통으로 다루고 있는 것은 인간에 관한 것이요 인간이 그 서술의 중심에 서 있다는 것이다. 아, 물론 이솝 우화처럼 동물이거나 그리스 로마 신화처럼 신이 주인공이 되거나 아니면 판타지처럼 호빗족이 나와서 이야기를 이끌 수도 있다. 그러나 이솝 우화 속의 이야기를 이끌어가는 여우나 황새는 더 이상 동물은 아니다. 짐승의 특색은 간 데 없고 인간의 이야기를 하고 있다. 그리스 신화의 신들 역시 신으로 보이지는 않는다. 모든 성격이나 특색은 인간을 너무 닮아 있다. 어디 그 뿐인가. 판타지 속의 캐릭터 역시 능력은 인간보다 뛰어 날지 언정 그들이 겪는 많은 갈등과 고민 그리고 사랑은 인간의 그것이다. 시 속에서 묘사되는 꽃이 있다고 치자. 그 꽃 역시 인간의 내면을 설명하기 위한 장치로서의 꽃일 뿐 꽃 그 자체는 아닐 것이다. 마치 정물화 속의 사과처럼 말이다. 즉 모든 문학 작품은 인간을 다룬다. 인생이라는 여정에서 마주치는 놀라운 경험들을 적기도 하고 소소한 일상을 기록하기도 한다. 그러나 분명한 것은 인간의 삶과 문학의 본질은 공동의 것이라는 점이다. 책장에서 문학 작품이 아닌 다른 책을 꺼내 보자. 어떤 책은 인간을 다루고 있을 것이고 어떤 책은 전혀 다른 사물을 다루고 있을 수도 있다. 지금 내가 우연히 꺼내 든 책은 DSLR 사진 초보자를 위한 가이드 북이다. 이 책의 주인공은 카메라이다. 이 책을 보면 카메라를 더 잘 알게 될 것이다. (그런데 어려워서 무슨 말인지를 모르겠다.) 책 속에 예로 나온 사진 속에도 사람이 많이 보이지는 않는다. 셀카 촬영 편에만 막 성형 수술을 마친 것 같은 모델의 얼굴이 나온다. 그전까지 보여진 것은 아리조나의 선인장, 하늘에 떠 있는 얼룩덜룩한 비행선 그리고 사람도 짐승도 보이지 않는 산자락 등이었다. 가까이 찍은 꽃과 지는 해도 있었다. 이 사진들을 통하여 알 수 있는 것은 카메라의 성능과 조작법이지 인간도 인생도 아니었다.

끼내든 책이 의학 책이었다면 인간의 신체를 이해하는 것에는 도움이 되며 이 역시 인간의 이야기임은 분명하다. 수십 년을 괴롭히는 내 아토피가 히스타민과 연결되어 있을 수 있음도 알게 되었고 이를 응용해서 나름 약을 쓰지 않고 잘 다스리고 있다. 성가신 가려움이 사회생활 중 덜 나타나니 분명히 의학이 나라는 한 인간에게 도움이 되었음은 분명하고 의학 역시 인간에 대한 것임을 부정하기는 힘들다. 그러나 인생이라는 보다 포괄적인 면에서 인간을 이해하는 학문이라고 보기에는 무리가 있어 보인다. 내가 살고 있는 세상을 알려주지도 않고 내가 그 어렵고 불편한 세상을 살아가는 지혜를 주지도 않는다. 다시 한 권의 책을 뽑아든다. '역사의 원전.' 주요한 역사적 사실에 대한 기록을 담은 역사 서적이다. 몇 년 전에 사 놓고 관심이 가는 사건 기록만 읽은 기억이다. 오늘 펴든 곳은 101번째 기록물인 '생 페테스부르크, 피의 일요일'로 1905년 1월 22일 가폰 신부가 쓴 기록물이다. 러시아에서의 황제에 대한 민중의 분노로 일어난 사건이란다. '코사크 기병대'가 무참하게 민중을 살육하는 장면도 묘사되어 있고 그럼에도 흩어져 도망가지 않고 목숨을 걸고 투쟁하는 민중의 엄숙한 역사적 숙명도 그려지고 있다. 그러나 무기도 제대로 들고 있지 않는 순박한 민중을 살해해야 하는 기병대원들의 고뇌도 찾아볼 수 없고 기병대의 공격 앞에서 두렵지만 그 두려움을 이겨내는 민중들의 속마음도 책은 이야기 하지 않는다. 건조하다. 오로지 민중과 기병대라는 단체 혹은 사회만 있을 뿐 그 속의 개인 즉 인간은 보이지 않는다. 그 민중 속에 있던 아름다운 여성과 기병대의 핸섬한 군인이 사랑하는 일은 없었던 걸까? 민중 중에는 그날 독한 감기에도 불구하고 나와서 투쟁을 하느라 더욱 힘들었던 사람은 없을까? 우리가 살아 온 세계는 알 수 있지만 그들의 일상도 그들의 사랑도 그들의 배고픔도 우리는 알 수 없다. 그저 한 사회의 부속품처럼 존재할 뿐이다. 민중은 '선'이요, 기병대는 '악'일뿐이다. 의학이나 역사나 인간을 다루기는 하지만 인간 본연의 모습은 아닌 것 같다.

 요즘 머리에서 떠나지 않는 하나의 질문은 왜 모든 전자의 질량이 같은 것인가 하는 문제이다. 빅뱅도 좋고 힉스 입자도 다 좋은데 굳이 모든 전자의 질량이 같아야 할 이유가 무엇인가 하는 것이다. '파인만의 물리학 강의' 책을 찾아서 살펴본다. 아뿔사. 전자와 입자에 대한 강의는 2권에 있는데 지금 나에게는 불행하게도 1권 밖에 없다. '지금까지 한 이야기의 요점은 무엇인가? 전기력을 두 가지로 나누어 생각할 수 있다는 것이 바로 이 새로운 개념의 핵심이다.'(파인만, 물리학 강의 12장에서) '질량이 같은 두 입자의 충돌과정이 M의 내부에서도 계속 진행된다고 생각해 보자.'(위의 책, 16장에서) 무슨 말인지는 잘 모르겠지만 인생의 이야기가 아님은 분명하다. 이 이야기들은 우리가 살아가고 있는 이 세상의 비밀을 밝혀내는 귀중한 이야기들임에는 틀림이 없다. 우리는 우주를 배경으로 살아가는 존재이기 때문이다. 그러나 이 과학적 이론들이 우주보다 복잡한 인간의 삶을 밝혀내 줄 것 같지는 않다.

  역사책이었던 '지식의 원전'도 빨간 책이라는 닉네임을 가진 파인만의 '물리학 강의'도 다시 책장의 제자리에 꽂아 넣는다. 그리고는 천상병 시인의 시집 '요놈, 요놈, 요 이쁜 놈'을 뽑아 든다. 펴 들어 마주친 시의 제목은 '그날은'이다. 부제는 '새'란다. 바보 시인이라 불린 천재 시인 천상병. 문득 사진으로 익숙하게 보았던 시인의 바보 같은 웃음이 떠오른다. 천상병 시인은 원래 서울대 경제학과 출신의 수재로 가장 날카로운 비평을 쓰는 기자로 명성을 날렸다. 그러던 어느 날. 박정희 정부에 대한 비판의 날을 세운 기사를 썼다는 죄로 경찰에 끌려가 모진 고문을 받고 풀려나게 된다. 그 이후 천상병 시인은 시를 쓰는 재주 말고는 바보가 되어 버린다. 매일 마시는 막걸리 두 병이 그의 식사이다. 매일 허허 웃으며 말도 잘 통하지 않을 것 같은 바보가 되었으나 세상과 인생을 관조하는 시만은 쓸 수 있게 되었다는 기막힌 변신이 믿어지지 않지만 실제로 일어났던 일이었다. 어쨌든 이 기묘한 천재 시인의 '그날은'의 마지막 연에 눈길이 간다. '내 마음 하늘/ 한편 가에서/ 새는 소스라치게 날개 편다.' 마음에도 하늘이 있고 그 하늘에는 가장자리도 있단다. 새가 날아 오른 하늘은 무슨 색이었을까. 구름 낀 하늘은 아니었을까. 새의 이야기 같지만 인간의 이야기로 해석이 되고 내 속으로 시 구절이 들어온다. 내 마음의 하늘은 오늘 비가 오는 하늘은 아니었는지. 그렇게 놀라 하늘에 오른 새는 자유를 보았기를 응원해 본다. '강물이 모두 바다로 흐르는 까닭은/ 언덕에 서서/ 내가/ 온종일 울었다는 그 까닭만은 아니다.' 과학적으로 생각해본다면 나의 울음과 강물의 흐름은 전혀 상관이 없는 일이다. 그러나 마지막 행에서 보면 '그 까닭만은 아니다.'라고 했으니 시적 화자는 강물이 바다로 흐르는 것이 자신의 울음과 관계있다고 믿고 있음이 분명하다. 한심한 생각 아닌가? 그러나 이 시 구절에서 한심함을 읽기보다는 슬픔이 읽힌다. 견딜 수 없이 볼을 타고 내리는 눈물을 경험해 본 사람이면 알 것이다. 그리움에 겨워 창밖을 멀리 내어다 본 사람도 알 것이다. 슬픔도 서러움도 오롯이 나 혼자 만의 것임을. 그리고 그것이 인생임을. 인생은 소스라치게 놀라 내 마음의 새를 날려버려야 하는 일들로 가득 차 있다. 내가 살아있다는 경이로움을 깨달을 때도 놀라며 세상의 두려움을 볼 때도 놀라고 길가의 이름 모를 꽃의 존재에 놀라기도 한다. 길에서 우연히 마주치는 친한 벗과의 만남이 놀랍고 갑작스럽게 다가온 이별이 놀랍다. 이처럼 문학은 인간의 이야기이다. 과학에서 마주 친 하늘과 강물과 바다는 문학에서 마주치는 하늘, 강물 바다와는 다르다. 지리학에서 마주치는 언덕은 내가 서럽게 하루 종일 눈물을 흘려야 했던 언덕과는 분명 다르다. 이 모든 자연물이 인간과 맞닿아 있다. 즉 인간이라는 주체와 인간을 둘러싸고 있는 객체가 만나는 곳에 삶이 있고 그 삶이 있는 곳에 문학이 있는 것이다.

'내가 저 배달 자전거를 너한테 주겠다. 저 자전거만 있으면 너는 이 시장에서 배달 일을 할 수 있을 거다. 너도 알다시피 배달 일은 무궁무진하다. 마음먹기에 따라서는 너는 얼마든지 부자가 될 수 있다.'(김연수, 원더 보이 중에서) 천상병 시인의 시집을 다시 책꽂이에 넣으며 그 곁의 책을 펼쳐 들었더니 나온 소설의 한 대목이다. 이번에 인간이 맞닿은 것은 사랑 슬픔 그리움 등의 우리 마음도 아니고 강이나 하늘 등의 자연물도 아니다. 그리고 만나는 대상도 시에서 보았던 새가 아니다. 사람이다. 즉 사람이 사람을 만나며 이야기가 진행된다. 위의 짧은 발췌 글의 내용을 보며 그 상황을 추리해 보자. 분명 가난한 자들의 이야기일 것이며 시장이라는 곳이 배경이 되어있음을 우선 알 수 있다. 보다 어른으로 보이는 한 사람이 어릴 것으로 추측되는 다른 사람에게 자전거를 주고 있다. 그리고는 배달이라는 일을 권한다. 어쩌면 자전거를 주는 호의가 그저 호의가 아니라 함정일지도 모른다. 우리가 사는 이 사회라는 곳이 거저 베풀어 주는 곳이 아니라는 것을 우리는 잘 알고 있다. 길 가는 우리에게 누군가가 커피를 사주겠다고 하면 우리는 감사하다며 바로 받아 마시기보다는 우리에게 왜 커피를 사주는지 그 의도를 묻기 마련이다. '왜 저에게 커피를 사 주시려는 거죠?' 라든가, '저 커피 끊었어요.' 아니면 '저 커피 지금 막 마셨는데요.' 등 상대방의 호의를 거절할 구실을 찾게 된다. 우리가 사는 자본주의 사회에서는 '주고받는 교환'이 훨씬 익숙하기 때문이다. 게다가 그 배경은 시장이라는 자본주의의 상징과도 같은 곳이고 두 사람은 인생의 경험도 차이가 나 보인다. 다행이도 이 작품에서는 다른 꿍꿍이가 있었던 것은 아니다. 물론 그 자전거는 새옹지마와도 같이 주인공의 인생에 행복도 배달하고 불행도 배달하는 도구로 작용한다. 재미있는 점은 우리의 추측이 옳든 그르든 서로 비슷한 경우가 많다는 점이다. 한 시대를 살아가는 사람들은 비슷한 사고와 감정의 배경을 가졌다는 이야기이자 우리가 사는 사회가 우리의 생각을 비슷하게 조각하고 있다는 점이다. 문학은 이 사고의 배경이 되는 시대와 사회를 그려낸다.

'그레고르 잠자는 어느 날 아침 불안한 꿈에서 깨어났을 때, 자신이 잠자리 속에서 한 마리 흉측한 해충으로 변해 있음을 발견했다.'(카프카, 변신) 카프카의 유명한 소설 '변신'의 시작부분이다. 주인공인 '그레고르 잠자'가 자신이 껍질이 딱딱한 벌레로 변해 있는 것을 발견하면서 이 이야기는 시작된다. 이솝의 우화처럼 옛날에 쓰여 진 소설이 아니다. 이미 과학적 사고가 만연한 현대의 작품이다. 이 기괴한 사건은 어떻게 해석을 해야 할 것인가? 이에 대하여 발터 벤야민은 '카프카의 작품은 멀리 떨어진 두 개의 초점이 있는 타원과 같다. 그 초점들 가운데 하나는 무엇보다도 우선 전통에 관한 경험이라 할 수 있는 신화적 경험이고, 다른 하나는 현대의 대도시인의 경험이다.' (발터 벤야민, 문예이론) 라고 명쾌하게 밝히고 있다. 바퀴벌레를 연상시키는 벌레로 변한 부분은 분명 벤야민의 지적대로 신화적인 , 즉 옛날 이야기적인 경험을 준다. 그런데 왜 하필이면 벌레로 변한 것일까? 동양의 현자인 장자는 나비로 변하였고 견우와 직녀는 별로 변하지 않았던가? 대부분 아름다운 존재로 변하는데 변신의 주인공인 잠자는 마치 저주에 걸린 듯 추한 존재로 변했다. 그러나 저주를 건 마녀는 보이지 않는다. 이 수수께끼의 답은 무엇일까? 세상을 산다는 것은 사람을 벌레처럼 만든다는 잔혹한 은유가 그 답이다. 과도한 경쟁과 이해관계가 걸린 타인과의 만남 부조리한 제도 속에서의 삶은 사람을 벌레 마냥 비참하고 비열한 존재로 만든다는 것이다. 카프카에게 마녀는 이 세상 자체이다. 발터 벤야민이 말한 신화의 축과 대척점에 있는 현대 도시라는 축은 바로 이 부조리한 현대의 사회를 지적하고 있다. 사람이 벌레로 변한다는 '나쁜 동화'같은 설정에도 불구하고 카프카의 작품은 우리가 살아가는 사회와 우리가 어떤 관계인지를 냉혹하게 고백하는 작품이다. 따라서 문학은 우리가 살아가는 사회를 냉정히 바라보며 이 시대를 함께 살아가는 사람을 만나서 이 시대를 묘사하고 이 사회를 살아가는 사람들의 이야기를 담아내는 언어 예술이다. 이 시대, 이 세계와 인간의 만남은 앞에서 살펴 본 자연과의 만남이라는 문학의 주제와 함께 문학이 담아내는 또 하나의 중요한 주제를 이룬다.

 문학을 이해하고 비평을 하는데 있어서 가장 중요한 것은 문학은 인간과 삶의 이야기라는 점이다. 우리가 접하는 이야기가 강물이든(천상병의 시) 자전거이든(김연수의 소설) 벌레이든(카프카의 소설) 모두 사람의 이야기요 삶의 이야기와 맞닿아 있다는 개념을 바탕으로 접근하여야 한다. 과학적 사고와 갈림길에 서게 되는 그 기점이 바로 위의 개념이다. 그래야 그 강물은 내 마음을 흐르는 그리움이라는 것이 보이며 그 자전거는 행복과 불행을 실어 나르는 도구가 될 수 있고 벌레의 저주는 현대의 거대한 욕망 사회임을 보는 눈을 가질 수 있다. 문학에서 우리가 마주치는 세상은 두 가지로 나눌 수 있다. 그 한 세상은 고대로부터 이제까지 인간이 살면서 변하지 않는 인간 고유의 환경과 인간 고유의 본성이 발현되는 세계이다. 사랑과 증오, 이별의 아픔, 행복에의 갈망 등은 시대가 변하여도 그 본질은 변하지 않는 인간 본연의 것들이다. 이와 같은 주제를 우리는 존재론적 주제(ontological theme)라고 이야기한다. 죽음 역시 이와 동일한 선상에서 볼 수 있을 것이다.

 또 다른 하나의 주제는 우리가 살아가는 시대에 대한 질문에서 출발한다. 과연 내가 사는 세상은 살만 한 세상일까, 이 시대를 살아가는 지혜는 무엇이며, 우리는 어떤 갈등을 겪는 것일까 등등의 질문이 그 출발점이다. 이 시대를 살아가는 우리의 임무는 무엇이며 이 시대의 고쳐져야 할 부분은 무엇일까에 대한 질문으로 의무론적 주제(deontological theme)라고 이야기한다. 우리가 접하게 되는 작품의 주제는 이 둘 중의 한 범주에 속하게 될 것이기에 작품을 접하는 독자들은 우선적으로 인생이라는 바탕 위에서 존재론적 주제의 범주에 있는 작품인지 의무론적 주제를 가진 작품의 범주인지 구별하여야 할 것이며 그 구별점이 깊이 있는 문학 이해의 첫걸음이 될 것이다.

1-2. 근현대 문학의 이해

나눔에는 그 이유가 있는 경우가 많다. 북극곰과 그리즐리는 모두 곰이고 추운 곳에 산다는 공통점이 있지만 그 성격은 매우 다르다. 하얀 설원위에서 우리가 마주친 곰이 북극곰이라면 크게 걱정하지 않아도 된다. 착한 곰이기 때문이다. 그리고 단백질하고 뼈만 있는 인간에게서 큰 식욕을 느끼지도 않는다. 반면 그리즐리를 만난 것이라면 살아 돌아갈 가능성은 없다. 외양도 비슷하고 그것이 속한 종이 같다고 하여도 성격은 전혀 다르다. A와 B의 두 그룹으로 나뉠 때 우선은 나눔의 기준이 있다. 북극곰은 위도 70도 이상에서 살며 그리즐리는 바로 그 아래 산다는 것이 하나의 기준이 된다. 집오리는 집에서 살지만 청동 오리는 철새로 삼천 킬로 이상을 날라 시베리아를 건너간다. 그 기준을 아는 것도 중요하지만 더욱 중요한 것은 그 내용이다. 즉 나뉜 두 집단이 어떤 성격적인 차이가 있는지에 집중해봐야 한다. 그래야 북극곰을 만났을 때 나의 안전을 보장받을 수 있다. 예를 들어 주변의 북극곰의 대변을 찾아보고 변이 거칠고 기름기가 전혀 없어 보일 때는 조심해야 한다. 곰이 배가 고플 가능성이 있고 배가 고프면 인간 고기가 입맛에 좀 안 맞아도 참고 먹을 가능성이 있다. 그러나 그 외의 경우는 대부분 매우 안전하다. 반면 그리즐리는 자신의 구역 안에 들어 온 모든 것을 침입자로 규정한다. 우리는 그리즐리가 어디 까지를 자기 구역이라고 우기고 있는지 알 수가 없으므로 참담한 최후를 맞이할 가능성이 매우 높다. 북극곰은 밝고 장난기가 많은 아이지만 그리즐리는 포악한 놈이다.

 이번에 공부할 내용은 '근 현대 문학의 이해'이다. 근현대 문학이라는 제목 자체가 전통 사회 혹은 고대 사회와 현대 사회의 나눔을 전제로 하고 있다. 이 나눔은 시간을 기준으로 하고 있다. 근대 사회를 동양보다 먼저 맞이한 서양은 대체로 18세기 말 정도부터를 근대 사회라고 할 수 있으며 서구보다 조금 늦었던 동양 사회는 20세기 들어오면서 부터의 사회를 근대사회라고 할 수 있다. 그리고 근대사회의 문학을 근대문학이라고 명명할 수 있다.

 그렇다면 이 나눔에 따른 성격은 어떻게 다를까? 위의 구분은 그저 곰의 서식지를 중심으로 북위 70도 이상과 이하로 나눈 정도의 가치밖에는 없다. 그 성격은 전혀 드러나지 않은 것이다. 이제 그 성격을 살펴보자. 착하고 장난기 많은 북극곰과 포악한 그리즐리의 성격을 살펴보았듯이. 여기에서 떠오르는 질문은 단군신화에 등장하는 곰이 북극곰의 성격일까 그리즐리의 성격일까 하는 점이다. 웅녀는 그 성격을 가졌을 가능성이 큰데 이는 한국 여성의 성향에 따라 어느 쪽이었는지 역으로 추정해 볼 수 있을 것이다. (북극곰이기를 간절히 바란다.)

 근현대 이전의 문학은 전통문학이라고 부른다. 이 전통 문학의 본질은 그 시대를 지배하는 이데올로기를 찬양한다는 특징을 가지고 있다. 이데올로기란 각 시대를 지배했던 이념이다. 중세 서구사회의 이데올로기는 가톨릭이며 가톨릭이 제시하는 이론에 따라 우주가 구성이 되고 (태양과 온 우주는 지구를 중심으로 돈다.) 인간 생명의 기원이 결정되며(인간은 하느님의 피조물로 창조의 6일째 만들어 졌다. 그리고 여성은 잠든 아담의 갈비뼈를 그

조상으로 한다.) 성서의 가르침이 모든 도덕과 윤리 및 법의 근간이 된다. 따라서 그 시대의 적은 악마이다.

  한편 우리나라의 중세를 지배하는 이데올로기는 유교이다. 유교란 본시 공자와 맹자의 가르침을 바탕으로 한다. 세상은 만들어질 때부터 높고 낮음이 있어 나이가 많은 사람은 낮은 사람보다 높고 양반은 아무리 바보라도 평민보다 높으며 여자에게 남자란 하늘과 같은 존재이다. 선비, 농민, 공인, 상인의 순으로 세상은 타고난다. 요즘 세상의 영웅인 스티브잡스(이미 고인이 되었지만)는 공인이자 상인이니 조선시대에 태어났다면 온갖 구박을 받을 계층이었다. 이 타고난 계급질서가 충성과 효도 등의 도구를 가진 하나의 도덕체계와 윤리의식을 만들어낸다.

  이 시대의 문학은 각 사회가 다른 이데올로기를 가지고 있다고 하더라도 결정적인 공통점을 가지고 있는데 위에서 언급한 바와 같이 각 사회의 문학은 그 사회의 이데올로기를 칭송한다는 점이다. 가톨릭이 제시하는 이데올로기이건 유교사회가 제시하는 이데올로기이건 우리 눈에는 매우 비과학적이고 비상식적이며 그 자체가 비윤리적인 것으로 보이는 것들 투성이다. 그러나 그 시대의 문학은 부분적인 비판은 할 지 언정 이데올로기 자체는 찬양한다.

> 잇 때 어사는 좌우도 순읍하야 민정을 살핀 후의 셔울노 올나 가 어젼의 숙고하니 삼당상 입시사 문부를 사증 후의 상이 칭찬하시고 직시 이조참의 사성을 봉하시고 춘향으로 정열부인을 봉하시니 사은 숙고하고 물너 나와 부모 젼의 뵈온 셩은을 축사 하시더라
>
> 잇 때 이판 호판 좌우 영상 다 지내고 퇴사 후의 정열 부인으로 더부려 독낙할제 정열부인으게 삼남이녀를 두워시니 자식들이 총명하야 그 부친을 압두하고 계계승승하야 지거일품으로 만셰유젼하더라
>
> 춘향가

춘향가의 마지막 구절이다. 춘향가가 우리 문학에서 가지는 위치는 전통 사회에 비판적 시각을 가졌다는 점이다. 즉 당시 탐관오리들의 모습을 그리기도 하고 남녀 간의 사랑의 모습을 가감 없이 그려내는 점 뿐만 아니라 기생의 딸이 양반과 결혼하는 일대의 사건을 이야기 하였다는 점이다. 물론 춘향이는 아버지는 양반이었고 어머니는 기생이었다. 즉 양반과 평민(실은 천민에 가까운)의 이중적인 신분이다. 조선조의 양반들은 자신들의 숫자가 사회 내에서 너무 많아지지 않도록 이중적 신분의 자녀에게 양반의 지위를 주지 않도록 규정하고 있다. 양반은 아무런 생산 활동은 하지 않으며 조선 사회의 특권을 누리던 계급인 만큼 그 숫자가 너무 많아지면 그네들의 특권이 그만큼 없어지기 때문이다. 대표적인 특권이 국가로부터 땅을 받는 것인데 양반의 숫자가 많아지면 많아질수록 자신에게 돌아오는 땅은 좁아진다. 따라서 춘향의 신분은 양반이 아닌 천기, 즉 천한 기생이다. 그런데 양반

과 결혼을 하고 타인들 역시 양반으로 인정을 하니 놀라운 사건이라 할 것이다. 당시 춘향전을 보던 평민들의 가슴에 희망을 주었을 법하다. 그러나 춘향전의 한계 역시 여기에 있다. 당시 유교라는 가치관에 대하여 제법 비판을 가하는 것으로 보인다. 그러나 유교적 세계관 자체를 부정하고 있지는 않다. 즉 못된 양반도 많고 사회도 신분이동이 안 되는 등 좀 답답하지만 이몽룡처럼 좋은 양반이 있다면 유교사회는 좋은 사회라는 것이다. '이조참의 사성을 봉하시고 춘향으로 정열부인을 봉하시니 사은 숙하고 물너 나와 부모 전의 뵈온 성은을 축사 하시더라.' 이몽룡은 이조 참의가 되고 그 부인 춘향은 정열 부인이 되어 임금의 은혜에 감사함으로 작품은 끝이 난다. 이와 같이 임금에 대한 충성과 믿음을 보이는 것이 유교사회의 가장 중요한 덕목이 '충'이라고 본다면 분명 춘향전은 유교라는 이데올로기 자체는 '찬양'하고 있는 것이다. 따라서 춘향전은 전통문학의 범주에 딱 들어맞는 작품이라 하겠다.

 그렇다면 근대문학은 어떤 모습일까? 만일 춘향전이 근대문학이었다면 이몽룡은 결국 춘향과의 사랑으로 인해 인생에서 전락과 실패를 맛봐야 했을 것이다. 그리고 그를 좌절 시킨 사람들은 개인적으로는 더욱 부도덕할 망정 나름 자신의 자리를 지키는데 성공을 하고 민중들의 삶은 황폐해갈 것이다. 근대의 정신은 비판적이기 때문이고 사실적이기 때문이다. 이 비판적 사고와 사실적 사고는 과학적 사고를 바탕으로 한다. 하버마스는 세상의 역사를 둘로 나눈다. 그 하나는 '마술의 시대'인데 우리가 앞에서 전통사회라고 말한 그 사회이다. 왜 왕의 아들은 왕이 되는가? 아무 이유 없다. 왕의 아들이기 때문이다. 그 아들이 왕이 될 자격이 있는지 평생 왕을 하는 것 보다 사이에서 바꾸는 것이 나을 지 아무 생각이 없다. 그저 왕의 아들이면 왕이 되는 것이다. 이것이 바로 마술이다. 마술은 '왜'에 대한 답이 존재하지 않는다. 즉 '입력'과 '출' 사이의 관계가 애매하다. 중절모에 비둘기를 '입력'한다. 마술사가 묘한 미소를 지으며 중절모를 지팡이로 톡 건드린다. 그리면 중절모에서 출력이 되는 것은 '장미꽃' 다발이다. 도대체 비둘기와 장미 사이에 어떤 연관이 있다는 것인가?

근대의 정신은 이러한 마술적 사고에 반대가 되는 과학적 사고이다. 과학적 사고는 입력과 출력 사이의 설명 가능한 관계가 성립되는 경우에만 그 관계를 인정한다. 이 사고방식은 중세의 질서를 무너뜨리는 힘이 된다. 감히 누가 신이나 왕에게 반항을 꿈꿀 수 있었을까? 이 마술의 시대는 절대성의 시대이다. 그 누구도 절대자에게 반항을 할 수 없다. 그 절대자는 마술을 부리는 존재이다.

> 29. 예수님은 회당을 떠나 야고보와 요한을 데리고 시몬과 안드레의 집으로 들어가셨다. 30. 이때 시몬의 장모가 열병으로 누워 있었다. 사람들이 이 일을 예수님께 말씀드리자 31. 예수님은 가셔서 그녀의 손을 잡아 일으키셨다. 그러자 즉시 열병이 떠나고 시몬의 장모는 예수님의 일행에게 시중을 들었다.
>
> **성경, 마가복음 1장중에서**

중세 시대의 의사들은 위의 에피소드에 대한 새로운 해석을 할 수 없다. 그저 하나님의 은혜일 뿐이다. 그러나 근대 시민들은 질문을 시작한다. 과연 저 이야기가 진실일까? 과학의 눈으로 사물을 바라본다면 위의 이야기는 진실일 가능성이 매우 희박하다. 다른 한 가지 가능성은 플라시보 효과이다. 즉 심리적인 영향으로 가능할 수 있다는 정도이다. 어느 설명이든 신의 은혜라는 추상적인 가치는 제외된다. 그리고 절대적이라고 믿었던 진실에 대하여 그 이유나 원인을 설명하기를 요구한다. 이 질문들이 중세의 절대적인 질서를 무너뜨린 힘이다. '믿음'이라는 단어보다 '합리적 의심'이라는 단어가 더욱 중요한 위치를 차지하게 되었다. 정치제도에서도 같은 일이 벌어진다. 1789년 프랑스 대혁명으로 더 이상 왕이 없어도 국가가 성립할 수 있음을 깨닫게 된다. 그리고 인간은 평등하다는 매우 극단적인 주장을 세상은 받아들인다. 이제 인간은 비판적 사고가 세상을 바꾸고 보다 많은 이들을 행복하게 만들 수 있다고 믿게 되었다. 따라서 근대의 문학은 더 이상 절대자의 은혜를 칭송하는 이야기가 아니다. 전통문학이 지향하던 가치와는 대척점에 위치하게 되었으니 이전 시대와는 다른 나뉨이 있어야 했다. 그래서 더 이상 소설은 ROMANCE라 불리지 않고 NOVEL이라 불리게 된다. NOVEL에는 소설이나 글이라는 뜻이 없다. NOVEL의 의미는 새로움이다. 즉 이전 시대의 글과는 다른 새로운 것이라는 의미이다.

새로운 문학 곧 근대문학은 인간 삶의 조건과 사회적인 문제에 주로 관심을 기울이게 된다. 절대자의 지배를 극복한 인류는 행복 가득할 줄 알았으나 새로운 사회적 모순을 경험하기 시작한다. 근대라는 상대적인 세상은 모두가 평등해지기를 꿈꾸었지만 그것은 그저 꿈에 불과했다는 것을 깨닫게 된다. 인종적인 차별 빈부의 차이 등 근대 사회의 모습은 점점 괴물이 되어간다. 산업주의 사회의 폐해였던 것이다. 이제 민중은 그러한 모순을 비판적으로 바라보아야 한다는 것을 알고 있었고 수많은 작품들이 쏟아진다. 올리버 트위스트 등의 작품이나 윌리엄 블레이크의 시는 이러한 문제를 정면으로 비판하고 나선 작품들이다. 과학적 사고의 팍팍함은 인간에게서 오히려 정신의 아름다움을 황폐화시키고 있었고 풍요로운 물자는 더 큰 상대적 빈곤감을 주기 시작한다. 휄더린은 그의 시 히페리온에서 이러한 세상을 '빈곤의 시대'또는 '궁핍의 시대'로 정의한다.

첫사랑 / 고재종

흔들리는 나뭇가지에 꽃 한 번 피우려고
눈은 얼마나 많은 도전을 멈추지 않았으랴

싸그락 싸그락 두드려 보았겠지
난분분 난분분 춤추었겠지
미끄러지고 미끄러지길 수백 번,

바람 한 자락 불면 획 날아갈 사랑을 위하여
햇솜 같은 마음을 다 퍼부어 준 다음에야
마침내 피워 낸 저 황홀 보아라

봄이면 가지는 그 한 번 덴 자리에
세상에서 가장 아름다운 상처를 터뜨린다

2013년 5월 IB SL 기출 문제

위의 시는 순수하고 깨끗한 사랑을 노래한다. '바람 한 자락 불면 휙 날라 갈' 겨울 같은 사랑의 추위와 아픔을 이겨내고 피어나는 봄의 생명과도 같은 사랑이 시의 중심을 이룬다. 그런데 이 작품은 현대의 작품이다. 이 작품의 주제를 무엇이라고 해야 할까? 진정 사랑에 대한 찬양으로 끝나는 것일까? 이때 우리에게 필요한 것이 '결핍'이라는 시각으로 세상에 접근해야 한다는 점이다. 즉 이 작품을 통해서 궁극적으로 이야기할 수 있는 것은 현재 우리가 살아가고 있는 이 세상이 이처럼 기다림과 순수함으로 가득 찬 사랑이 결핍이 된 것은 아닌가 하는 질문이라는 것이다.

> "아니 그건 그렇잖어요. 내 자식놈야요."
> "그럼 왜 공부를 시키잖구?"
> "인쇄소 일 배우는 것도 공부지."
> "그건 그렇지만 학교에 보내야지."
> "학교에 보낼 처지가 못되고 또 보낸댔자 사람 구실도 못할 테니까……."
> "거 참 모를 일이요. 우리 같은 놈은 이 짓을 해 가면서도 자식을 공부시키느라고 애를 쓰는 데 되려 공부시킬 줄 아는 양반이 보통 학교도 아니 마친 자제를 공장엘 보내요?"
> "내가 학교 공부를 해본 나머지 그게 못쓰겠으니까 자식은 딴 공부시키겠다는 것이지요."
>
> 채만식, 레디메이드 인생

지식인인 아버지가 아들을 학교에 보내지 않고 단순 기계공으로 키우려는 채만식의 레디 메이드 인생의 일부이다. 우선 이 작품에 어떻게 접근하여야 할까? 앞에서 이야기한 두 가지의 관점으로 접근해 보자. 우선 문학의 두 가지 주제의 범주, 즉 존재론적 일까 의무론적 일까 생각해 보자. 어느 특정 시대, 어느 특정 사회의 문제를 다루는 작품이니만큼 의무론적인 주제 범주에 든다고 할 것이다. 의무론적 주제 범주에 드는 작품은 어떤 특정 사회의 구체적인 문제점에 대한 비판을 작품의 근간으로 하는 만큼 우리는 작품 내의 시대가 결여하고 있던 것이 무엇인지에 집중할 필요가 있다. 바로 지식인이라는 한 사회의 주요 계층이 사회 속으로 진입할 수 없도록 만들어진 사회구조가 문제인 것이며 그 사회는 분명 지식인이 해야 할 역할들이 결핍되어 있을 것이다. 지식인은 한 사회의 바람직한 도덕률을 만들며 사회를 지속적으로 발전할 수 있도록 계획을 만들고 사회에 구체적인 희망을 주는 역할을 한다. 따라서 위의 사회는 발전을 할 수 있으리라는 꿈도 희망도 없는 사회일 것이다. 그 꿈도 희망도 없는 사회는 이미 만들어진 틀 , 즉 Ready made된 인생을 그대로 밟아가야 하는 암울한 사회였을 것이다.

1-3. 문학의 갈래와 특징

    문학은 세상에 일어나는 일을 모방하는 언어행위이다. 그런데 이 모방이라는 단어가 참 어렵다. 약 2400 년 전 그리스의 철학자 아리스토텔레스가 그의 저서 '시학'에서 문학을 모방이라고 정의한 것을 따르고 있다. 모방의 원어는 MIMESIS인데 mimic, pantomime 등에서 어원인 mime이 보인다. 아리스토텔레스는 이 모방이라는 것이 사회 행위를 모방한 것이라고 설명한다. 사회 행위는 인간이 어떤 문제 앞에서 어떻게 반응하는가를 모방한다는 의미이다. 로또에 당첨되어 갑자기 400억 원이라는 재산이 생긴다고 가정해 보자. 사람들의 반응은 소리 지르고 기뻐하는 어느 정도의 공통적인 부분도 있겠지만 그 이후의 '사회적 행위'는 매우 다를 수 있다. 더욱 욕심을 내는 사람도 있을 것이고 이제까지의 삶의 모습을 유지하는 사람도 있을 수 있는 반면에 전혀 새로운 삶을 꿈꾸는 사람도 있을 것이다. 기억에 남는 로또 당첨자가 있다. 평생 앰뷸런스 운전을 하던 운전자가 프랑스에서 400역원이 넘는 슈퍼 로또에서 일 등을 했다. 기자가 앞으로 어찌 할 것인가를 묻는 질문에 그는 자신의 꿈을 다시 시작하리라는 이야기를 한다. 그의 꿈은 원래 F1 경주의 파일럿이 되는 것이었다고 한다. 그러나 자신의 형편은 레이서가 되기 위한 과정을 밟을 수 있도록 허용하지 않았다. 운전과 속도감에 자신이 있었던 이 운전자는 결국 앰뷸런스 운전자가 되었다. 그는 이제 늦은 감은 있지만 다시 레이서의 꿈을 이루겠다고 했다. 그가 이후 F1의 레이서가 되지는 못했지만 슈퍼 카를 타고 즐겁게 운전을 하며 작은 써킷에 참여하고 있다는 소식은 들을 수 있었다.

이 사건을 문학으로 표현한다면 우리는 문학이 그의 사회적 행위를 모방할 것이다. 아마도 어려서 불우한 환경으로 레이서의 꿈을 접는 장면이라든가 로토에 당첨이 된 후 어려운 레이서 훈련을 묵묵히 이겨가는 모습 등 그의 사회적 행위에 해당한다. 그렇다면 어떻게 모방할 것인가? 그 모방의 방법에 따라 문학의 갈래는 나뉜다. 이제 하나씩 살펴보자. IB 평가의 기준에는 각 갈래에 따른 특징을 고려하여 답안지를 작성하였는가 하는 것이 평가기준에 있다는 점을 잘 기억하고 아래의 내용을 공부해 보자.

1) 서사적 갈래 : 소설의 경우

실제 사건의 중심과 주변에 있는 인물의 목소리를 직접 담아내는데 간혹은 제 삼자의 목소리를 빌려서 그에게 일어나는 일들을 작품에 담을 수 있다. 다시 위의 레이서의 이야기를 예로 들어보자. 어려운 형편에 좌절하려는 주인공을 위로하고 열심히 살 수 있도록 도운 헌신적인 아내도 등장할 것이며 갈등을 겪는 직장 동료도 나올 것이다. 어쩌면 그의 갑작스럽게 불어 난 재산을 탐내는 못된 사람들도 나올 것이다. 이 인물들은 주인공과 서로 관계를 맺으며 우리가 살아가는 사회를 보여준다. 이처럼 일어 난 사건을 인물들을 통해서 서술해 나가는 것을 '서사적 갈래'라고 이야기 한다. 현대 문학의 장르로는 소설과 동일하다. 즉 사회적 사건에 대해서 비교적 사실적으로 모방하는 경우이다. 또한 이 모방은 '서술'이라는 방법으로 독자에게 전달된다. 그러나 일어 난 사건을 그대로 이야기하기 보다는 시간적 구성을 인과적 구성

형식으로 재편집하게 되는데 이를 플롯이라고 안다. 위의 로또 아저씨의 경우 역시 어려서 부터의 성장 배경을 죽 나열하기 보다는 로또에 당첨되는 장면이 나오고 시간은 과거로 거슬러 올라간다. 그리고는 로또 맞은 후의 시간으로 다시 옮겨간다. 결국 서사적 갈래를 지탱하는 가장 중요한 요소는 로또 아저씨와 주변 인물이라는 인물과 이 사건을 끌고 나가는 서술 그리고 시간성을 거스르면서 이야기를 편집 및 배열하는 구성의 세 가지 요소라고 하겠다.

만일 여러분 중 누군가 소설을 쓰고 싶다면 위의 세 요소를 순서대로 짜 나가면 된다. 우선 인물을 구성해 보고 어느 사건을 우선 쓰고 어느 사건을 나중에 쓸 지를 결정하며 서술을 어느 인물의 눈을 통해서 하는 것이 가장 나을지를 우선 생각해 봐야 한다는 것이다.

일단 인물에 대해서 살펴보자. 우리가 인물이라고 부르는 이 존재는 소설론에서는 대체로 '성격'이라고 부르는 것을 더 선호한다. 그 이유는 인물이라는 단어가 사람을 나타내는 반면 성격은 사람의 일부를 나타내기 때문이다. 도스도옙스키의 '죄와 벌'은 인간 심리의 실험 보고서라고 할 만큼 치밀하게 인간의 내면을 묘사하고 있다. 이 작품의 주요인물은 주인공인 라스콜리니코프, 그리고 라스콜리니코프가 이성적인 판단 끝에 살해하게 되는 전당포 노파, 그리고 늘 순수한 사랑으로 가득 찬 소냐와 육체적인 욕정에 눈이 먼 스비드리가일로프 등이다. 이 어려운 러시아 이름을 이곳에 장황하게 늘어놓은 이유는 이 인물들이 각각 하나의 성격을 대표적으로 나타낸다는 점이다. 라스콜리니코프는 매사에 이성적이다. 마치 사이코패스를 마주친 듯 섬뜩하게 이성적이다. 요즘 식으로 말하자면 극강의T요 대대문자 T인인간이다. 노파는

한국문학 입문 **35**

언제나 자신의 욕심을 채우려 한다. 그로 인하여 타인이 고통에 몸부림치게 되든 파멸에 이르든 그로 인하여 양심의 가책을 느끼는 법은 없다. 반면 소냐는 늘 사랑이 유일한 해법이요 최고의 가치라고 믿고 살아간다. 그녀는 모두를 용서할 수 있으며 사랑을 위서라면 끝없는 기다림도 마다하지 않는다. 스비드리가일로프는 그 순수한 소냐 마저도 욕정의 대상으로만 생각한다.

그러나 상식적으로 생각하더라도 인간은 복합적인 존재이다. 즉 한 인간 속에는 사랑, 이성, 탐욕, 욕정이 모두 들어있다. 경우에 따라 어떤 기재가 작용하는 가의 차이는 있겠지만 어떤 인간이든 복합적이기 마련이다. 그러나 작가는 한 인간을 구성하는 요소들을 하나하나 띄어 내어 작중 인물로 만들고 있다. 즉 위의 인간을 모두 모으면 현실 속의 한 인간이 형성된다. 즉 인간의 내면을 나누어 그 대표적인 성격들을 떼어내어 작중의 인물로 재창조하는 성격화 (Characterisation) 과정을 알 수 있다. 보다 간단한 구별로는 홍부전을 생각해 볼 수 있다. 늘 착한 아우와 늘 못된 형. 과연 인간이 늘 착하기만 하거나 늘 악하기만 할 수 있을까? 아마도 착하기만 하든 나쁘기만 하든 어느 한 쪽 성격만을 가졌다면 일찍이 자연의 진화과정에서 제거되었을 것이다.

다른 예를 살펴보자. 염상섭의 대표 장편인 '삼대'는 일제강점기가 한창 기승을 부리던 1930년대의 사회상을 담고 있다. 이 작품의 줄기를 이루는 할아버지와 아버지 그리고 덕기와 덕기의 친구인 병화를 연구해보자. 덕기의 할아버지는 조선 유교 사회의 폐습이라고 할 수 있는 권위의식의 소유자이다. 반면 덕기의 아버지는 소위 근대 사회가 형성되던 시기의 지식인인데 당시 한국 사회에 유입된 자유의 의미를 오해하여 부도덕한 삶을 살아간다. 덕기는 자본주의적 사고를 가지고 있는 우유부단한 처세술로 일관하는 회색 빛이 선명한 지식인이고 병화는 사회주의를 빙자한 삶을 사는 허황된 인물이다. 이 인물의 구성이 이 작품의 제목을 설명한다. 즉 각 인물은 자신의 세대를 대표하는 인물들이며 이 인물들을 모아 놓으면 당시 한국 사회의 한심한 자화상이 물끄러미 떠오르는 것이다.

　인간의 본령을 그려 내기 위한 도스도엡스키의 인물 구성이나 (이는 존재론적 주제에서 접근할 수 있다.) 한 시대의 타락한 시대정신을 그리려는 염상섭의 노력(이는 임무론적으로 해석할 수 있다.) 역시 공통점을 가지고 있다. 결론적으로 말하면 이 인물 하나하나는 인간이나 사회에 대하여 '대표성'을 가진다는 점이다. 즉 소설의 인물들은 세상에서 마주치는 인간들과는 달리 하나의 '특징'혹은 '가치관'을 대표하는 존재이기에 인간과 구별하여 '성격'이라고 부르고 있다.

　이 대표성을 가진 인물들은 과연 끝내 대표성만을 주장하며 변하지 않을까? 답은 Yes and No 이다. 이 인물들은 작품 속에서 다양한 사건들을 경험하게 된다. 이 사건은 경우에 따라서는 작중 인물의 삶을 송두리째 바꾸기도 한다. 삶이 송두리째 바뀔 지경이 되어서도 성격이 바뀌지 않는 인간이 있는가 하면 그 정도의 사건을 겪다 보면 성격이 변하는 사람도 있다. E. M Foster는 끝까지 변하지 않는 인물을 평면적 인물(Flat Character), 변하는 인간을 입체적 인물(Round Character)이라고 명명하였다.

　그러나 Foster가 말한 원어를 다시 보자. 평면적이나 입체적 이라는 번역어로는 어쩐지 성에 차지 않는다. 아마도 평탄한 인간과 굴곡진 인간 정도는 되어야 그 의미가 좀 살아나는 느낌이다. 즉 작품의 인물이 평탄한 삶을 살면서 이야기가 진행되는가 아니면 '굴곡진 인생을 살았는가?' 라는 함의가 담겨있는 작명이다. 여기서 알 수 있는 점은 인물의 특징은 그 자체로 중요한 것이 아니라 작품의 구조에 영향을 준다는 점이다. 평탄한 인생을 사는 삶의 이야기는 어떨까? 당연히 단순하다. 이 평범한 인생에 일생일대의 사건이 벌어지고 그 인물은 황당한 상황에 놓이게 될 것이다. 단일 사건이다. 이런 소설을 우리는 단편소설이라 부르며 단 한 번의 임팩트 있는 사건을 반전이라고 부른다. 반전 이전과 이후는 확연히 다른 두 세상이다.

> "이 눈깔! 이 눈깔!
> 왜 나를 바루 보지 못하고 천정만 바라보느냐, 응"
> 하는 말끝엔 목이 메이었다. 그러자 산 사람의 눈에서 떨어진 닭똥 같은 눈물이 죽은 이의 뻣뻣한 얼굴을 어룽어룽 적시었다.
> 문득 김첨지는 미친 듯이 제 얼굴을 죽은 이의 얼굴에 한데 비벼대며 중얼거렸다.
> "설렁탕을 사다 놓았는데 왜 먹지를 못하니, 왜 먹지를 못하니…
> 괴상하게도 오늘은 운수가 좋더니만…"
>
> 현진건, 운수 좋은 날

무식하고 권위적이며 그리 유능하지도 않은 남편이다. 주인공인 김 첨지 이야기이다. 김 첨지의 속 마음새야 따듯할지 모르지만 사랑이나 고마움을 아내에게 들려 낼 위인이 아니다. 그런 김 첨지가 아픈 아내를 위하여 설렁탕을 사왔다. 설렁탕 한 그릇 따뜻하게 먹는 것이 평생의 원이었던 아내이다. 어쩌면 김 첨지의 따뜻한 말 한마디가 그리웠던 아내였을 것이다. 그러나 김 첨지가 그 소원을 들어 줄 수 있게 된 그 날. 아내의 죽음이라는 슬픈 사건이 김 첨지 앞에 놓인다. 단일 사건이며 후일 김 첨지가 어찌 변하였는지는 알 수 없지만 우리에게 보이는 것은 슬픔에 복받혀 중얼거리며 오열하는 김 첨지 뿐이다. 따라서 단일 구성 작품의 분석은 , 즉 단편 소설의 분석은 이 반전이라는 꼭짓점을 중심으로 전후를 살피는 것이 구조 분석의 핵심이다. 이 한 가지의 반전의 요소가 없었다면 이 작품은 하나의 완성된 작품으로 세상에 존재하지 못 했을 것이다.

반면에 작품 구조상 굴곡진 인생을 산 인물이 내세워질 경우 작품은 복잡해진다. 단일 사건, 단일 인물이 아닌 복잡한 사건에 복잡한 내면으로 진화하는 인간을 마주치게 된다. 이처럼 복합 구성의 작품을 우리는 장편소설이라고 부른다. 즉 장편과 단편의 차이는 그 길이에 있지 않고 사건과 인물의 상관관계 속에 있다. 이때 가장 핵심적인 것은 과연 작중인물에게 일어난 사건이 인물의 성격을 변하도록 하는데 충분하였는가 하는 점이다. 작품의 사실성은 작품에서 일어 난 사건이 현실에서도 일어 날 개연성이 충분한가라는 점도 있겠지만 다른 또 한 가지의 중요한 점은 작품 속의 사건과 인물의 변화 사이에 밀접한 연관성이 있는가 하는 점이다. 이 질문은 2014년 English A 문학 Paper2에 출제되기도 하였다.

소설은 근 현대 사회의 새로운 문학 양식이라고 앞서 설명하였던 것을 기억해보자. 도대체 소설이 이렇게 새로울 수 있는 힘은 무엇일까? 바로 '주인공'의 변화이다. 이 변화는 세속화의 변화인데 소설의 뿌리가 되는 신화에서는 주인공이 신이며 서사시에서는 영웅이었고 로망스라는 중세 문학에서는 기사들이 주인공이 되었다. 이 주인공들은 보통 사람들보다 모두 출중한 능력을 가졌다는 공통점이 있지만 신에서 기사까지의 흐름을 보자면 주인공의 능력은 점점 약해지고 인간적으로 변했다는 점을 알 수 있다. 근 영웅적인간 현대 문학에 와서는 작품의 주인공들은 그저 평범한 우리네 인간과 다를 것이 없어졌다. 주인공을 나타내는 영어 단어 Hero는 더 이상 어울리지 않는다. 앞에서 살펴 본 운수 좋은 날의 김 첨지도 삼대의 삼부자도 우리보다 나아 보일 것이 없다. 노드럽 프라이는 특히 평범한 사람보다도 약자인 주인공을 내세우는 소설 작품의 구조를 '반어적 구조'라고 칭한다. 우리가 반어라고 부르는 수사법은 주로 한 문장보다 적은 단위에서 일어난다. 현진건의 운수 좋은 날은 진짜 운수가 좋았던 날의 이야기였을까? 아니다. 겉으로 드러나는 '운수 좋은 날'과 이 문구의 속 뜻은 반대가 된다. 이처럼 반대가 되는 것을 아이러니 즉 반어법이라고 한다. 그런데 작품 속에서의 반어적 구조란 무엇일까? 이는 주인공이 Hero와 반대의 위치에 있는 사람이라는 의미이다. 조세희의 걸작 '난쟁이가 쏘아 올린 작은 공'의 주인공은 사회에서 멸시 받는 난장이 일가이다. 이들은 이 사회의 소외된 사람들을 대표한다. 이 사회의 히어로(Hero)즉 영웅들과는 아무 관련이 없다. 오히려 그 영웅들의 희생자였을 수도 있다. 산업시대의 영웅이란 산업화를 주도했던 전설적 인물들이며 이 난장이 일가는 그 산업화이 뒷전에서 노동을 착취당하던 약자들-요즘 말로 '을', 갑이 땅콩 먹다가 비행기를 돌리라면 돌려야 하는-이었다. 왜 그들이 '주인공'의 반열에 오르게 된 것일까? 프라이는

'눈높이'와 사회적 진실에서 그 답을 찾는다. 우리는 우리의 눈높이로-계급적 시각-으로 세상을 바라본다. 즉 우리가 보는 세상은 진짜 세상의 일부일 뿐이다. 우리는 이 시간에도 공장에서 기름에 찌든 삶을 사는 사람들의 일상을 잘 알지 못할 확률이 높다. 우리는 이 시간 몹쓸 병에 결국 생명을 넘겨주거나 자신의 한심한 처지를 이기지 못해 스스로의 목숨을 끊는 이들의 삶을 잘 알지 못할 확률이 높다. 그들 역시 열심히 살아보려고 갖은 노력을 다 한 사람들이다. 그들도 사랑하는 사람이 있고 그들도 이 세상에 미련이 한 없이 남아 있었을 것이다. 그러나 이 처참한 현실을 받아들이기에 그들은 너무 작은 이 들이었을 뿐이다. 장롱 아래 빠진 동전 찾으려고 손전등을 켜보면 그곳에는 먼지가 수북하다 늘 깨끗한 줄 알았던 방에서 눈이 닿지 않던 곳에는 먼지가 수북하다. 문학은 장롱 아래를 비추는 손전등처럼 진실을 밝혀야 할 의무가 있다. 그 먼지가 수북한 모습도 우리가 살아가는 세계의 일부임을 밝혀야 한다. 나의 눈높이를 낮춰서 장롱 아래 까지를 들여다 보지 않는 한 우리는 그곳의 진실을 알 수 없다. 반어적 구조는 독자들의 눈높이를 그 장롱 밑까지 내리는 역할을 한다. 왜냐하면 그 주인공들이 바로 그 눈높이로 살아가기 때문이다. 그들의 말투는 김 첨지의 말투 마냥 거칠고 투박할 것이다. 때로는 그 마저 반어적으로 아름다움을 입고 있을 수도 있다. 조세희는 난장이가 쏘아 올린 작은 공에서 그들도 아름다울 수 있는 그리고 아름다운 존재임을 보여준다. 잠깐 신경림의 질문을 생각해보자. 바로 서술을 통해서 이다. 짧게 끊어지는 시어와도 같은 문체는 우리의 마음을 서글픈 심상으로 가득 채운다. 이 서술은 내면의 마음을 넌지시 독자에게 전하는 구실을 하기도 한다. 내면의 고백이며 이 고백은 마치 연극에서의 독백과도 같다. "가난하다고 사랑을 모르랴" IB에서 늘 생각해야 하는 서술에 대한 질문 거리는 아래와 같다.

> 1) 서술되어지는 소설의 내용은 어떤 것들인가?
> 2) 누가 서술을 하고 있는가?
> 3) 언제 서술은 이루어지는가?
> 4) 서술되어져야 할 이유는 무엇인가?

소설을 분석하면서 서술에 대한 분석을 할 때면 위의 네 질문은 꼭 기억을 하자.

a) 치삼의 끄는 손을 뿌리치더니 김첨지는 눈물이 글썽글썽한 눈으로 싱그레 웃는다.
"죽기는 누가 죽어." 하고 득의 양양.
"죽기는 왜 죽어, 생떼같이 살아만 있단다. 그 오라질년이 밥을 죽이지. 인제 나한테 속았다." 하고 어린애 모양으로 손뼉을 치며 웃는다.
"이 사람이 정말 미쳤단 말인가. 나도 아주머네가 앓는단 말은 들었었는데." 하고 치삼이도 어떤 불안을 느끼는 듯이 김첨지에게 또 돌아가라고 권하였다.
"안 죽었어, 안 죽었대도 그래."
김첨지는 홧증을 내며 확신있게 소리를 질렀으되 b) 그 소리엔 안 죽은 것을 믿으려고 애쓰는 가락이 있었다.

현진건, 운수 좋은 날

위의 발췌문에서 a)와 b)는 모두 서술에 해당한다. a)와 b) 모두 김 첨지에 대한 서술이자 아내의 죽음에 대한 전조 반응이다. 이제까지 글을 끌고 온 서술자가 통일된 목소리를 내고 있다. 그런데 어떤 차이가 보이는가? a)는 김 첨지의 외적인 반응에 대한 객관적인 진술이다. 즉 행위를 그대로 '보여주고' 있다. 반면 b)의 진술은 a)와 달리 김 첨지의 내면을 이야기하고 있다. 즉 서술자의 판단이 들어있다. 이처럼 서술은 작중인물의 행위를 보여주는 객관적 서술과 작중 인물의 내면을 독자들에게 이야기해 주는 해석적인 서술이 있다. 독자 입장에서 서술이 없다면 작중인물의 내면도 외면도 알 수 있는 방법이 없을 것이다. 서사적 갈래의 글들은 결국 대사아 서술을 통하여 작품의 흐류을 따라가게 되다. 그러나 똑 같이 이야기를 담지만 서술이 없는 갈래가 있으니 바로 극적 갈래이다.

2) 극적 갈래

극적 갈래는 소설과 오랜 시간 이야기를 나눠 가지며 발달하였다. 그러나 결정적인 갈림길은 '재연'과 '서술' 사이에 놓여있다. 즉 소설이라면 서술로 진행시켰을 이야기가 극적 갈래 즉 희곡이나 연극에서는 연기를 통해 주로 나타낸다.

a) 치삼의 끄는 손을 뿌리치더니 김첨지는 눈물이 글썽글썽한 눈으로 싱그레 웃는다.

소설에서 서술이라고 불린 부분이다. 연극이라면 이런 서술이 필요 없다. 그저 배우가 손을 뿌리치고 눈물 글썽이는 눈으로 싱그레 웃으면 완성이다. 행위를 하면 된다. 작가는 지시문으로 처리했을 것이다. 관객은 그 연기자의 행위를 보고 바로 이해할 수 있다. 소설보다 더 극적이고 더 직접적인 전달이 행해진다. 그런데 b) 그 소리엔 안 죽은 것을 믿으려고 애쓰는 가락이 있었다. 이 부분은 어떻게 처리하여야 할 것인가? 소리 즉 톤은 시각에 비하여 그렇게 정확한 전달 장치는 아니다. 인간은 눈으로 보아야 그것이 무엇인지 확실하게 아는 종자이기 때문이다. 그렇다고 내적인 독백처럼 모놀로그로 처리하기도 어렵다. '나는 안 믿을 거야!'라는 어색한 대사를 넣기도 그렇다. 어쩔 수 없이 연기자의 연기력에 기대는 수밖에 없을 가능성이 크다. 그러나 이것은 현대 연극에서의 이야기이다. 전통 연극에서는 이런 경우, 즉 '해석'이 필요한 경우에 관객들에게 이야기를 보다 정확하게 전달하기 위한 장치가 있었다. 바로 '코러스'이다. 전통 연극이란 서구의 경우는 그리스 비극이 그 시작인데 하나의 모델로 자리매김할 수 있는 작품이 바로 오이디푸스이다. 오이디푸스는 아버지를 살해하고 어머니와 결혼할 것이라는 신탁-신의 예언-을 받는다. 그 저주스러운 운명을 피하고자 고향을 떠났으나 운명을 떠나지는 못한 모양이었다. 결국은 사냥 중 우연히 만난 아버지를 죽이고 어머니인 줄도 알지 못하고 어머니와 결혼하게 된다. 이 불행을 알게 된 오이디푸스는 자신의 눈을 빼 버린다. 물론 자책감, 자괴심 등 온갖 아픔을 겪었을 테지만 하필이면 눈을 뺀 이유는 무엇일까? 자신의 운명이 저주스러워 자살을 선택한 것도 아니고 아버지를 찌른 팔을 베어버린 것도 아니다. 좀 생뚱 맞게 눈을 빼 버렸다. 코러스가 오이디푸스에게 묻는다. 어찌하여 눈을 빼 버린 것인가를. (코러스는 관객이 보이는데 서 있는 합창단인데 연기를 하지는 않는다.) 오이디푸스는 죽어서 하데스(지옥)에 가면 부모님을 만날 텐데 어찌 부모님을 볼 수 있겠냐는 고백으로 그 아픔을 관객들에게 전한다. 코러스는 내면의 이야기까지를 관객에게 효과적으로 전달하기 위한 상당히 효과적인 장치였던 것만큼은 분명하다. 그러나 근대 이후의 연극에서는 만나기 힘든 존재이다. 모두가 연기를 하는 무대 위에 연기를 하지 않는 한 무리가 있다는 점이나 해석하여 전달하는 '말하기'보다는 '보여주기'를 선호하게 된 근현대의 객관화된 의식이 작용한 까닭으로 코러스라는 존재는 무대 뒤로 사라진다.

그러나 분명한 것은 근 현대 극의 뿌리는 그리스 비극이라는 점이다. 비극은 극의 세 가지 형식 즉, 비극 희극 풍자극 중 한 가지이다. 단순히 이야기하면 비극(Tragedy)은 주인공의 상황이 극의 시작보다 끝에서 더 못 되게 된 극이다, 희곡(Comedy)은 그 반대로 주인공의 상황이 극의 시작보다 더 잘되어 해피엔딩이 된 경우이다. 풍자극(Satire)은 수사법으로서의 풍자와는 일맥상통하면서도 조금 차이가 있는데 우선 구성으로 보자면 작품의 시작 부분에서 주인공이 처한 상황이 결말에 가서도 나아 질 것도 없는 극이다. 화살표로 그려본다면 비극은 우측으로 갈수록 위를 향하는 모습을 그려볼 수 있고 비극은 아래로, 풍자극은 우여곡절을 겪지만 처음과 끝이 비슷한 높이로 끝나는 화살표를 머리에 그려 보면 될 것이다.

그러나 그 내용을 좀 더 면밀하게 살펴보자면 그렇게 간단한 문제는 아니다. 우선 행복을 꿈꾸는 인간이 왜 타인의 비극에 관심을 가질까? 만일 관심이 가지 않는다면 비극은 존재할 수 없다. 이 질문에 대한 답은 매일 아침이면 발간되는 신문에서 찾아 볼 수 있다. 대부분의 기사는 우울한 기사들이고 비판적 기사들이며 부정적인 시각을 만들어 내는 기사들이다. 살인, 사기, 정책 실패의 이야기가 계속 된다. 과연 실제 세계에는 그렇게 우울한 일들만 일어났을까? 아니다. 그 사건이 일어나는 시간에도 사람들은 마음속에 희망을 가지고 선한 일을 했으며 이 사회는 신뢰로 가득 차 있었다. 도로에는 사고가 나지 않은 수 십 만대의 차량이 있지만 신문에 나는 것은 사고가 난 차량이야기 뿐이다. 인간은 행복을 추구하기에 불행에도 민감하다. 특히 스스로의 노력이나 능력과는 상관없이 불행을 맞이하는 사건에 대해서 가장 민감하다. 즉 연쇄 살인마가 감옥에서 심장마비로 사망하는 것에는 큰 반응을 보이지 않지만 크림 빵을 들고 퇴근하던 불쌍한 이웃의 뺑소니차 사건에는 민감한 반응을 보인다. 결국 인터넷 수사대가 뜨고 이들의 적극적인 활약은 당황한 범인의 자수를 이끌어 내게 되었다. 잘못에 대한 응당한 벌이나 잘 한 것에 대한 상응하는 상에 대해서는 큰 관심이 없다. 예측 가능하며 합리적인 원인 결과라고 생각하기 때문이다. 그러나 예측이 어렵고 원인 결과 사이의 관계가 모호하다면? 이를 관찰하는 대다수의 관객은 불안을 느끼거나 삶의 의미 혹은 삶의 방법에 대하여 다시 질문하지 않을 수 없다. 즉 불안이나 불행은 인간이 가장 민감하게 반응하는 요소이다. 그리고 많은 교훈을 이끌어 내는 요인이기도 하다. 비극은 이 불행에 대한 사회적 행위의 모방이다.

　막장드라마에는 세계 공통의 몇 가지 법칙이 있어 보인다. 출생의 비밀은 기본이며 신데렐라가 될 여성과 이 여성을 둘러 싼 두 명의 남자가 필요하다. 남자 중 한 명은 왕자에 해당한다. 좀 나쁜 남자 스타일인데 이 여성에게 만큼은 자꾸 약해진다. 다른 한 남자는 기사도 정신에 투철한 남자이다. 늘 이 여성에게 흑기사이지만 사랑을 받지는 못한다. 이처럼 하나의 글쓰기 양식에는 보편적인 약속이 존재한다. 비극도 마찬가지이다. 비극을 배우면서 접하게 되는 용어는 카타르시스이다. 주인공이 불행의 정점에 다다를 때면 관객들은 극대화된 슬픔에 빠지게 된다. 이 슬픔은 개개인의 감정은 큰 힘을 발휘하게 되는데 이 힘이 바로 카타르시스이다. 카타르시스의 원래 의미는 배설이라고 하는데 이 카타르시스는 사람의 감정에서도 '배설' 작용을 한다. 즉 크고 깨끗한 슬픔은 사람의 못된 감정이나 과도한 욕망 그리고 불안 등을 오히려 몰아낸다는 주장이다. 일견 일리는 있어 보인다. 극대화된 슬픔을 느끼며 펑펑 울고 나면 오히려 후련한 느낌을 느낄 수 있으므로.

  중요한 것은 깨끗한 슬픔이라는 점이다. 슬픔이 깨끗하기 위해서는 주인공의 됨됨이가 큰 역할을 한다. 그리스 비극이라는 비극의 원형에서부터 살펴보자. 그리스 비극의 주인공은 일종의 희생양이어야 하는데 흠이 없는 고귀한 신분이어야 했다. 고귀한 자의 몰락이 민중에게는 큰 슬픔을 주는 것이었기 때문이다. 현재와 같이 민주적 사고방식을 가진 사회에서는 잘 이해하기 힘들 수 있으나 곰곰이 다시 생각해 보자. 만일 이 고귀한 자가 민중의 존경을 받는 사람이라면 그의 몰락은 상당한 슬픔일 것이다. 위대한 지도자의 비극적 죽음 이후 몇 십 년이 지나도록 무덤에 조문을 하고 헌화를 하며 촛불을 꺼뜨리지 않는 사례는 현대에도 존재한다. 즉 존경 받는 사람이 자신의 잘못이 없이 몰락을 한다는 이야기가 민중에게는 가장 편안하고 깔끔한 슬픔의 원인이 될 수 있다. 그런데 이유 없는 몰락이 가능할까? 신이 개입하면 가능하다. 예수그리스도가 십자가에 매달리게 된 사연 역시 신의 개입이다. 이미 그렇게 예언되어 있었고 운명이 결정되어 있었기 때문이다. 그러나 부활로 영원한 생명에 이르는 해피엔딩이다. 그러나 그리스 신화는 반전에 반전을 거듭하지 않는다. 한 번의 죽음으로, 파멸로 이야기는 끝이 난다. 그러나 신이 주인공의 운명을 비극적으로 결정한다는 사실에는 성서라는 유대 지역의 신화와 그리스 신화 사이에 비슷한 점이 발견된다. 오이디푸스는 흠이 없이 살려는 사내이다. 그러나 신탁을 받아보니 자신의 운명이 그처럼 가혹하였던 것뿐이다. 이처럼 자신의 잘못이 아니지만 몰락의 길을 걷게 되는 잘못 아닌 잘못을 하마르티(시)아 (Hamartia) 라고 한다. 원래 하마르티아라는 단어는 '과녁에 명중시키지 못함' 을 의미한다. 사수는 과녁을 명중시키고 싶었을 것이고 그 노력도 하였을 것이다. 그러나 돌풍이 불어 과녁을 빗나가게 할 수도 있으며 트로이의 신화처럼 신이 그 주인공을 버리려 일부러 화살의 방향을 틀어버릴 수도 있다. 이 가혹한 운명 앞의 힘없는 영웅. 이것이 가장 각광받는 전통 비극의 주제이다.

'어느 세일즈맨의 죽음(Death of a salesman)'의 작가 아서 밀러 (Athur Miller)는 현대의 비극은 고전적인 비극과는 다르다고 비극의 개념을 설명한다. 하마르티아와 몰락 그리고 카타르시스의 큰 흐름은 같다. 그러나 현대의 주인공은 평범한 사람이다. (이 부분은 희곡이라는 드라마의 이야기 역시 소설의 세속화 과정과 동일하다는 것을 이야기해 준다. 현대사회의 공통분모인 셈이다.) 그리고 더 이상 신이 인간의 운명에 개입 하지도 않는다. 그러나 신과 같이 절대적인 힘으로 인간의 운명을 만들어 내는 존재가 있으니 바로 우리가 살아가는 사회이다. 이 사회는 인간으로 하여금 경쟁하도록 하며 타인을 도태시키기도 하고 자신이 도태되기도 한다. 그 사회를 살아나가며 인간성을 잃어버리는 것이 비극의 시작이라는 것이 아서 밀러 이론의 골자이다. 즉, 신이 정해주는 운명은 없지만 주인공이 태어난 가정의 환경이나 직업 등이 운명이 되어 주인공의 인생을 결정해 나아갈 것이라는 것이다. 테네시 윌리암스의 희곡인 '욕망이라는 이름의 전차'에서 주인공인 스탠리는 사람들에게 무시를 받는 무식한 사람이다. 그가 폴란드 이민 이 세임으로 미국 사회에서 겪어야 했던 아픔이 운명처럼 그의 인생을 꼬이게 만든다.

그런데 그리스 시대의 관객이든 현대의 관객이든 운명이라는 단어를 두고 배우들과 맞서고 있다. 간혹은 관객은 이미 알 수 있는 것을 작중 인물은 알지 못하고 사건을 일으킨다. 관객은 그들의 운명을 알지만 작중인물은 그들의 운명을 알지 못하는 까닭이다. 우리 역시 우리의 운명을 모르지 않는가? 로미오와 줄리엣의 로미오는 줄리엣이 살아날 것임을 알지 못한다. 그리고는 깊은 잠에서 깨어나 자살을 한다. 그러나 관객은 알고 있다. 또한 오이디푸스 역시 그의 사촌 크레온에게 가족을 상하게 하는 사람은 가장 악한 사람이라는 주장을 펼친다. 관객은 오이디푸스가 그 악한 사람이 될 수밖에 없음을 알고 있다. 이처럼 관객은 알고 있으나 작중인물은 알지 못하는 것을 '극적 아이러니(Dramatic Irony)'라고 한다. 하마르티아는 자신에게 일어 날 일을 알지 못하는 무지한 희생인 반면 관객은 그의 다가오는 비극적 운명을 초조함과 안타까움으로 바라보아야 한다. 막장드라마에서 서로 남매 지간 임에도 그 사실을 모르고 사랑에 빠질 듯 아슬아슬하게 진행이 된다든가 현재 원수로 지내는 사람이 사실은 자신의 아버지라든가 하는 이야기 요소들은 모두 극적 아이러니에 속한다. 이 모두 비극의 주요한 극적 요소이다. 비극의 형성은 이처럼 극적 요소와 성격의 특징 그리고 운명과의 투쟁사이에서 탄생한다. 인생은 멀리

서 보면 희극이요 가까이에서 보면 비극이라는 셰익스피어의 인생을 통찰해내는 혜안이 번득인다.

3) 시적 갈래

서정적 갈래는 서정시를 의미한다.

시란 무엇일까? 굳이 시를 정의하려 하지 말자. 우리는 시를 보면 시인지 알 수 있기 때문이다. 짤막하게 아무 데서나 나뉜 문장, 뭔지 모를 이야기, 어딘지 부자연스럽게 성형수술을 한 것 같이 아름다움을 주장하는 언어들.

왜 그리고 언제부터 인류는 이러한 특이한 언어활동을 한 것이며 이 특이함은 어디에서 온 것일까? 이 특이함은 바로 인간이라는 존재의 특이함과 궤를 같이하며 인간이 개발한 최고의 작품인 언어의 특질에서 그 특이함의 이유를 찾을 수 있을 것 같다. 인간은 포유류 중에서 유일하게 창자보다 뇌의 무게가 더 무겁다. 늘 우리 곁을 지키는 강아지는 창자가 뇌보다 무겁다. 그래서인지 먹을 것을 주면 무척이나 좋아한다. 오랑우탄도 예외는 아니며 바다에 사는 포유류인 고래도 예외는 아니다. 인간의 경우 창자보다 뇌가 무거워진 결과 인간의 뇌가 소모하는 열량은 같은 무게 대비 다른 인체 기관들에 비하여 평균 아홉 배가 더 높아졌다. 인간의 뇌가 그처럼 고용량이어야 하는 이유는 이성적 판단력 뿐만 하니라 아주 고난도의 고급스러운 감정적 정보까지도 모두 감당해 내야하기 때문이다. 극심한 절망이나 슬픔에 빠졌던 사람들이 마르는 이유이기도 하다. (물론 입맛이 없어서 잘 못 먹거나 잠을 잘 못 이루는 수도 있다.) 이처럼 인간은 이성적 판단과 감성적 판단을 동시에 수행하며 뇌를 혹사하는 동물이다. 그런데 이성과 감성은 상당히 따로 노는 경향이 있다. 즉 통일성을 가지기 힘이 든다. 이성은 참으라는 데 감정은 폭발하기도 하며 이성은 아니라는 데 감정은 끌리기도 한다. 감정 역시 표현되어져야 하는데 그 방식이 다양하다. 얼굴을 붉히기도 하고 (화가 나거나 부끄럽거나) 눈에서 물이 흐르기도 하며(눈물; 슬프거나 웃기거나 등등) 눈과 입이 찌그러지기도(웃음; 반갑거나 뻘쭘하거나) 한다. 이렇게 단순한 감정은 신체 표현을 빌리기도 하지만 보다 복잡한 감정을 정확하게 전달하는 방법으로는 언어 표현이 더 효과적이다. 그러므로 언어에 대한 정의를 내릴 때 '사고'와 '감정' 을 전달한다고 한다. 대부분의 글은 감정 마저 이성화하여 전달한다. '그날은 매우 슬펐다.' 와 같이 슬픔은 하나의 '사실' 이 되고 그 때 느낀 슬픔이라는 감정은 탈색이 된다. 감정을 감정으로 전하는 방법은 없을까? 이러한 감정 전달이 인간을 더욱 인간적이게 바꾸는 것은 아닐까? 인간은 사실 이성적 반응보다 감정적 반응에 더 우선권을 주는 동물이다. 우리가 강아지를 보고 귀엽다고 생각하는 것은 우리의 이성적 판단에 앞선 감각적이고 감성적인 판단이다. 못된 짓을 하는 사람을 보며 '저런 나쁜 x'이라고 생각하게 되는 것도 우리의 이성적 판단이 아닌 감각적이고 감정적인 판단이 우선하고 그 다음에 이성적으로 이유를 판단하게 된다. 즉 인간에게 감정이란 이성의 전위병인 것이다. 따라서 세상의 어떤 요인들을 이해하는 아주 중요한 인식 범주가 바로 감정이다.

  이와 같은 감정적 표출을 하는데 적합한 양식이 서정적 갈래이다. 이성적 표출에 익숙한 현대인에게는 비교적 낯선 표현 방법이다. 이성이 교감을 전제로 한다면 감성은 감동을 전제로 한다. 감동의 중요 요인은 아름다움이다. 따라서 시는 감동을 일으키기 위한 감정의 표출인데 아름다움을 갖춘 언어 양식이라고 할 수 있다.

　물론 시의 존재 방식은 앞에서 살핀 소설이나 희곡과는 달리 감정에 중점을 두고 있다. 그러나 현대 시 역시 현대 문학의 특징을 따른다. 따라서 시 역시 갈등이라는 문학의 본질과 결핍이라는 현대성의 본질을 가지고 있다. 이 갈등이라는 개념은 시 분석의 기준이 되므로 결코 잊어서는 안 된다. 주제 분석 뿐 아니라 이미지 분석 등에서도 값진 활약을 할 것이다.

> 나는 이제 너에게도 기다림을 주겠다.
> 이 세상에 내리던 함박눈을 멈추겠다.
> 보리밭에 내리던 봄눈들을 데리고
> 추워 떠는 사람들의 슬픔에게
> 다녀와서 눈 그친 눈길을
> 너와 함께 걷겠다.
>
> 　　　　　　　　　정호승, 슬픔이 기쁨에게 1978

위의 시를 분석하려 할 때 우선 갈등을 이루는 부분을 찾아보자. '함박눈'과 '봄눈'이 서로 대조를 이룬다. 즉 이 둘의 관계는 갈등 관계이다. 함박눈은 한 겨울에 내리는 눈이지만 봄눈은 내리면 곧 녹아버리고 새싹이 돋는 보리밭을 오히려 따뜻하게 이불처럼 덮어주는 역할을 한다. 뿐만 아니라 가문 겨울의 끝에 메마른 땅을 적셔 주기도 한다. 외양을 보자면 함박눈은 아름답고 풍성해서 사람들에게 기쁨을 주기도 한다. 그러나 봄눈은 그런 풍성함도 없이 묵묵하게 볼품없이 내린다. 이처럼 겉으로 드러나는 대조적인 의미나 외양의 비교는 외적 갈등에 해당한다. 그런데 세상에 어찌 외적인 갈등만 존재할까? 내적인 갈등도 존재한다. 함박눈이 내리면 세상은 축복을 받은 듯 들뜨기도 하고 화이트 크리스마스의 낭만적 정취를 꿈꿀 수도 있다. 분명 함박눈이 가지는 하나의 기능이다.

> 가마니에 덮인 동사자가
> 다시 얼어 죽을 때
> 가마니 한 장조차 덮어주지 않은
> 무관심한 너의 사랑을 위해
> 흘릴 줄 모르는 너의 눈물을 위해
>
> **정호승, 슬픔이 기쁨에게**

이제 막 인용한 부분은 앞의 인용 부분 바로 앞에 위치하는 구절이다. 함박눈이 누군가에게는 기쁨이겠지만 그 추위로 누군가는 동사자가 되었다. 함박눈의 기쁨에 들뜬 사람들은 그 동사자에게 가마니 한 장 덮어 주지 않는다. 함박눈은 그 자체가 모순을 지니고 있다. 어떤 이에게는 기쁨을 그러나 그 기쁨에 들뜬 사람들은 우리 사회의 아픔을 보지 못한다. 그리고 그 함박눈이 내리는 추운 날 그 추위를 견디지 못하는 잊혀 진 이웃도 존재한다. 함박눈은 기쁨과 슬픔을 자기 속에 간직하고 있다. 즉 하나의 시어가 가지는 내적인 모순관계가 내적 갈등이다.

> 산호(珊瑚)도 섬도 없는 저 하늘로
> 나를 밀어 올려다오.
> 채색(彩色)한 구름같이 나를 밀어 올려다오.
> 이 울렁이는 가슴을 밀어 올려다오!
> 서(西)으로 가는 달 같이는
> 나는 아무래도 갈 수가 없다.
>
> 서정주, 추천사 중에서

추천은 그네를 의미하는 한자어이니 위 시의 제목 '추천사'는 '그네 노래' 정도로 번역할 수 있겠다. 위의 시에서 '나'는 춘향이 이며 듣고 있는 상대는 '향단이'이다. 그러니까 춘향이가 '향단이'에게 자신의 그네를 높이 밀어 올려 달라고 그네를 타며 이야기 하는 장면이다. 그런데 이 그네가 그리 단순하지 않다. 춘향이는 그네를 타고 높이 오르며 자유를 만끽한다. 그리고 더 높게 밀어 올려지기 바란다. 구름까지 오르고 싶다. 어쩌면 구름처럼 마음 대로 떠돌아다니는 자유를 가지고 싶은 까닭일 것이다. 그네가 아니라면 구름까지는 아니더라도 높이 오르며 자유로움을 느낄 수 없다. 따라서 그네는 자유를 느끼게 해 주는 도구이다. 그런데 그네는 그네줄이 있어 하늘 끝까지 오르지는 못한다. 즉 그네라는 도구는 늘 중력의 영향을 받아 다시 자신의 자리로 돌아오는 도구일 뿐이다. 자유를 맛볼 수 있게 해주는 도구인 동시에 결국

제자리로 돌려놓는 도구이기도 하니 그 내면에 모순이 존재하는 것이다. 이 역시 내적 갈등이다.

> 영변(寧邊)에 약산(藥山)
> 진달래꽃,
> 아름 따다 가실 길에 뿌리오리다.
>
> 가시는 걸음 걸음
> 놓인 그 꽃을
> 사뿐히 즈려 밟고 가시옵소서.
>
> 김소월, 진달래 꽃 중에서

여리고 아름다운 말투를 지닌 서정적 자아는 소위 산화 공덕의 자기희생적인 사랑의 아름다움을 보인다. 그런데 이 시를 볼 때면 어딘지 섬뜩하게 무서운 생각이 든다. '나'의 본심이 어딘지 달리 있을 것 같다. 그저 희생적인 사랑의 아름다움으로 마침표가 찍힐 것 같지 않다. '사뿐히 즈려 밟고 가시옵소서'는 서정적 자아가 그저 이별의 아픔을 고스란히 받아드리는 것이 아니라 보다 자기 파괴적인 행위를 통하여 그 슬픔과 한을 분출하려는 행위로 느껴진다. 슬픔에는 공격적인 요소가 없기 마련이다. 그러나 자기파괴는 하나의 공격이다. 자학이라는 전형적인 자기 파괴의 모습을 볼 때 우리는 상당한 충격을 받기 마련이다. 사뿐히 즈려 밟고 (짓이기듯 밟고 지나가라는 의미이다.) 에서 밟히는 것은 진달래꽃인데 이는 '나'와 '그대'의 사랑의 상징이다. 그래서 이 작품은 슬픔을 노래했다기 보다는 '한'을 노래했다고 볼 수 있다. '한'은 한 단어이지만 그 속내는 복잡하다. 슬픔만도 아니고 분노만도 아닌 복잡하고 고급스러운 감정이다. 이 감정 자체는 대립적인 두 감정을 담고 있다. 이 역시 내적 갈등의 한 표본이다. 이런 감정의 대립을 양가적 감정(Ambivalent)라고 이야기 한다. 올림픽 무대에서 금메달을 딴 선수가 서럽게 우는 장면을 우리는 자주 볼 수 있다. "그 동안의 힘겨운 시간이 떠올라서" 라고 금메달 수상자들은 고백한다. 이 역시 양가적 감정이다. 기쁨의 시간에 불쑥 찾아든 서러움의 감정. 애증이라는 단어는 아예 양가적 감정을 한 단어로 만들어 놓은 예이다.

한국인의 정서는 복잡하다. 있는 그대로를 표현하지 않는다. 서구 문명은 매우 표현적이다. 그 이유는 한국은 오랜 역사 속에서 보다 섬세하게 감정이 고급화되었기 때문이다. 단순한 감정은 앞서 보았듯 신체가 먼저 반응하며 그대로 드러난다. 그러나 복잡한 감정의 표현은 쉬운 일이 아니다. 그런 의미에서라면 한국인에게 시는 잘 어울리는 문학의 갈래라고 할 수 있다.

시를 분석한다는 것은 그 감정의 깊이를 알아내는 것이며 그 감정의 미묘함에 나의 감정의 주파수를 일치시키는 일이기도 하다. 따라서 감정적인 일치 즉 공감이 선행되지 않는 분석은 그 생명력을 가지지 못한다. 시를 읽을 때는 외적인 갈등과 내적인 갈등을 살펴보면서 '나'의 삶에서 일어나는 감정들을 다시 한 번 반추해 볼 일이다. 몇 해 전 '밤새 안녕하셨습니까?' 라는 지극히 평범한 문구가 한국 사회에 조용히 충격으로 다가왔다. 우리는 늘 안녕하다고 믿고 산다. 그러나 실은 안녕했던 날은 별로 없다. 속이 상했거나 억울했거나 아니면 스스로가 대견했을 정도의 삶을 살았거나 그저 안녕한 평범한 날은 별로 없다. 그러나 우리는 우리의 감정에 솔직하기보다는 의무감을 우선으로 삼는다. 실망스러운 일이 있어도 그 실망을 인정하기 보다는 다음에 잘 하면 된다는 말을 정답인 것으로 믿고 산다. 그래서 우리의 감정은 늘 지치고 메말라있다. 그 메마름에 시는 말을 건다. 시를 좋아하게 되는 것은 어느 한 순간이다. 내가 나의 메마름을 깨닫고 그 메마름에서 벗어나고 싶어지는 바로 그 순간이 시를 받아드리는 순간이 된다.

> 그래 그 무렵이었다....
> 시가 날 찾아왔다.
> 난 모른다.
> 어디서 왔는지
> 모른다 (중략)
> 난 무슨 말을 해야 할지 몰랐다.
> 입술은 얼어붙었고
> 눈먼 사람처럼 앞이 캄캄했다.
> 그때 무언가가 내 영혼 속에서 꿈틀거렸다.
> 열병 혹은 잃어버린 날개들은
> 불탄 상처를 해독하며
> 난 고독해져 갔다.
> 그리고 막연히 첫 행을 썼다.
>
> **파블로 네루다, '시' 중에서**

1971년 노벨 문학상을 받은 칠레의 시인 파블로 네루다의 시에 대한 자기 고백적인 시이다. 시가 찾아 온 순간은 '잃어버린 날개'를 기억해내고 인정한 순간이자 '불탄 상처'를 굳이 해독해야 하는 순간이었다. 즉 자신의 아픔과 상처를 인정한 순간이었을 것이다. 우리는 안녕하지 않다. 그저 안녕하다고 괜찮다고 보내는 하루하루가 메마른 인생을 만들지도 모른다. 시는 안녕하다고 믿고 사는 메마름으로는 해독이 불가능한 감성의 에니그마이기 때문이다.

4) 수필

> 퇴근길에 친구를 만나면 나는 그의 손을 이끌고 내 직장 근처의 그 중국집으로 선뜻 들어갈 것이다. 그리고는 양파 조각에 짜장을 묻혀 들고, 또는 따끈한 군만두 하나를 집어들고 "이 사람 어서 들어" 하며 고량주 한 병을 맛있게 비운 다음 함께 짜장면을 나눌 것이다. 내 친구도 세상을 좁게 겁 많게 사는 사람이니 나를 보고 그래도 인정 있는 친구라고 할 것 아닌가.
> 짜장면은 좀 침침한 작은 중국집에서 먹어야 맛이 난다.
>
> **정진권, 자장면 2013년 IB 한국어 SL Paper 1 기출 문제**

현대 문학은 비판적 시각을 바탕으로 한다는 이야기를 이미 여러 번 한 것 같다. 이 비판적 시각은 결핍을 바라보는 시각이기에 이 문학적 시각은 반성적 사고에서 시작된다. 즉 다시 한 번 곱씹어 볼 때 무엇이 결핍이 되어 있는지, 그 결핍은 우리 인생에 어떤 영향을 주는 것인지를 다시 살펴보도록 한다. 앞서 본 소설, 극, 그리고 시는 복잡한 장치와 고급스러운 감정을 독자와 나눈다. 그래서 독자들이 마음 놓고 다가서지 못한다. 숱한 장치들은 그 의미를 깊게 하는 장점을 가진 반면 그 의미가 감춰져 있어서 알아보기 힘들다. 현대 문학의 가장 큰 고민은 난해성이다. 즉 그 의미가 어려워서 독자가 작품으로부터 소외되는 문제점이 있다. 그런데 수필은 그렇게 어려운 장치들이 쓰이지도 않으며 그렇게 고급스러운 감정에 기대지도 않는다. 일상의 소소함을 담는다. 일상의 특별함도 담는다. 그러나 특별한 언어로 담는 것이 아니라 직설적이고 직접적으로 담아 낸다. 위의 작품은 그리 길지 않은 글이지만 자장면이라는 일상의 사물을 매개로 하여 세상을 엿본다. 그가 엿보는 세계는 철저히 자신이 체험한 범주에 속한 세계이다. 소설은 자신이 체험한 것을 서술과 인물을 통하여 묘사하며 극은 그 사건을 재연하고 시는 감정적 반응을 담아낸다면 수필은 자신의 체험을 자신의 목소리로 담담하게 그려낸다. 이는 일기의 연속이기도 하며 작가가 독자에게 전하는 편지이기도 하다. (그래서 수필의 종류에는 편지, 일기, 기행문 등이 포함된다.) 소설 속의 서술자는 작가 자신이라고 보기 힘들고 시의 서정적 자아 역시 시인 자신이라고 보기는 힘들다. 그러나 수필 속 서술자는 작가 자신이 목소리라는 점이 다른 장르와의 가장 큰 차이이다. 따라서 수필 문학은 직접적이라고 할 수 있다. 경험의 가장 탐스러운 과실은 지혜이다. 수필 문학은 일상에 숨어 있는 그 지혜를 탐낸다. 자장면이라는 매우 일상적인 소재는 작가가 발견하고 체험한 세계로의 매개체이다. 좀 침침한 곳에서 먹어야 한다는 주장의 이면에는 무엇이 숨어있는 것일까? 고량주 한 병을 나누어 마시는 것은 어떤 의미를 담고 있는 것일까? 깨끗하고 화사해진 21세기 한국 사회에 던지는 화두는 무엇일까? 풍요로워진 21세기의 메마름이라는, 즉 따스한 인정과 소소한 꿈 그리고 그 작은 것에 서도 느껴지던 일상의 행복이 사라진 세상에 대한 이야기이리라. 결핍이 문학의 주요한 주제인 이상 현대를 다루는 작품은 보편적으로 물질적 풍요가 가져온 정신적, 정서적 궁핍을 이야기하며 이는 가난했던 시절에 대한 향수로 연결된다. 천만관객을 돌파한 영화 '국제시장' 역시 가난한 시절에 대한 향수가 모티프이다. 결핍과 가난은 같은 뿌리에서 나온 형제와도 같으니 문학에서의 가난은 매우 중요한 주제이다. 그래서 2년 전 옥스퍼드 영문과 입학을 위한 에세이 평가 주제는 가난이었다.

    문학은 인간과 세계의 만남이며 세계를 다시 둘러보고 해석하고 반성하는 글쓰기라고 이야기했었다. 문학의 작가는 세계를 둘러보는 지구별의 여행자이다. 여행은 길 위에서 이뤄진다. 따라서 문학에서의 길은 또 다른 중요한 모티프이다. 수필은 그 여행을 직접 기록하는 기행문이라는 양식을 가지고 있다.

梨니花화난 발셔 디고 접동새 슬피 울 제, 洛낙山산 東동畔반으로 義의相샹臺대예 올라 안자, 日일出출을 보리라 밤듕만 니러하니, 祥샹雲운이 지픠난 동, 六뉵龍뇽이 바퇴난 동, 바다헤 떠날 제난 萬만國국이 일위더니, 天텬中듕의 티뜨니 毫호髮발을 혜리로다. 아마도 녈구름 근쳐의 머믈세라. 詩시仙션은 어데 가고 咳해唾타만 나맛나니. 天텬地디間간 壯장한 긔별 자셔히도 할셔이고.

                              <해석>
배꽃은 벌써 떨어지고 접동새가 슬피 울 때에, 낙산 동쪽 언덕으로 의상대에 올라 앉아, 일출을 보려고 한밤중에 일어나니, 상서로운 구름이

마구 피어나는 듯, 여섯 마리 용이 (해를) 떠받치는 듯, (해가) 바다에서 떠날 때에는 온 세상이 일렁거리더니, 하늘에 치솟아 뜨니 가는 터럭도 헤아릴 것 같구나(매우 환하다). 아마도 지나가는 구름이 해 근처에 머물까 두렵구나. (간신배들이 임금의 총명을 흐리게 할까 염려하는 시 '등금릉봉황대'를 읊은) 이백은 어디 가고 그의 시만이 남았느냐? 이 세상에 굉장한 소식을 (그의 시에서) 자세히도 (표현)하였구나.

정철, 관동별곡 중에서

16세기의 문인이었던 정철은 금강산으로 여행을 간다. 그리고 의상대에서 일출을 구경한다. 해가 떠오르면서 세상이 태양 빛으로 물드는네 아쉽세도 구름 몇 점이 그 장면을 가린다. 작가는 그 태양과 구름의 관계에서 임금과 간신의 모습을 본다. 당연히 태양은 임금이며 태양빛은 성은(임금의 은혜)이고 구름은 그 은혜가 백성에게 가지 못하도록 가로막는 간신이다. 그런데 이 구도는 이미 이태백이 노래한 바 있었다. 때는 중국의 절세미녀인 양귀비가 세도를 휘두르던 시절. 당나라 현종은 양귀비의 미모에 빠져 백성을 돌보지 못한다. 이태백은 이 모습을 풍자한 시를 왕 앞에서 짓는다. '지나가는 구름이 태양을 가린다.'는 표현에 왕은 아름다운 시라고 칭찬을 한다. 왕의 문학적 통찰력이 별로 신통치 못했던 모양이다. 이에 이태백은 별로 좋은 시가 아니라며 그저 기침 가래(해타:'해'는 기침을, '타'는 가래를 의미한다.)처럼 뱉어 낸 글이라고 답한다. 의미도 없는 쓰레기 같은 시라고 대답한 격이다. 왕이 말귀를 못 알아들으니 그 시가 무슨 의미가 있겠는가? 아무리 작가의 의도가 좋아도 관객이 못 알아보는 데 야 아무 소용이 없는 것 아닌가? 해타라는 자조적인 답은 이태백의 절망의 표현이었을 것이다. 그러나 후세의 사람들은 이태백의 마음을 알아볼 수 있었고 해타라는 단어는 기침가래의 뜻이 아닌 한 시대의 진리를 가르치는 훌륭한 글귀라는 의미로 거듭났고 현재까지 기침 가래라는 불쾌한 의미를 벗고 가르침이 있는 글귀라는 고귀한 단어로 사용된다.

   관동별곡은 기행문의 형태를 띠고 있다. 금강산의 아름다운 경관을 묘사하지만 그가 걷는 길은 자신의 삶과 그 시대를 돌아보는 길이 된다. 인생길이란 표현이 있듯이 모든 인간은 지구별의 시간 여행자이다. 여행이 새로운 것을 보는 것에서 끝난다면 그것은 그저 관광일 뿐 여행이 아니다. 여행은 진정 자신의 내면과의 만남이며 자신이 살아가는 이 시대와 자신이 살아 갈 미래를 점치는 시간이기도 하다. 이태백의 글이 나오고 긴 시간이 지난 후 정철의 시에서 만난 해타는 다른 모습으로 우리 문학에서 또 다시 나타난다.

> 눈은 새벽이 지나도록 살아 있다
> 기침을 하자
> 젊은 시인이여 기침을 하자
> 눈을 바라보며
> 밤새도록 고인 가슴의 가래라도
> 마음껏 뱉자
>
>   김수영, '눈' 중에서

젊은 시인은 고통스러운 밤이라는 시대를 살고 있나 보다. 이제 새벽이 온다. 새벽은 희망의 시간이지만 달리 말하면 아직 그 희망이 이뤄진 시간은 아니다. 작가는 '기침'을 하라며 젊은 시인을 다그치고 '가래'를 뱉자고 한다. 이 시에서의 기침 가래는 해타를 그대로 풀어쓰고 있는 것이다. 따라서 기침과 가래가 모이면 해타, 즉 시대의 어둠을 밝히는 글이라는 뜻이다. 작가는 젊은 시인에게 해타와 같은 작품을 써야 하는 것이 아니겠냐고 묻고 있다.

정철은 금강산을 걸으며 임진란이 곧 벌어질 나라의 정치를 반성하고 걱정한다. 그의 여행길은 다시 세상을 돌아보는 길이다. 그 길에서 마주친 해타는 이태백에게서 정철을 지나 20세기의 시인 김수영에게 이르기까지 긴 여행을 한다. 긴 여행은 지혜를 주었을 것이고 이 지혜를 담은 담백한 글을 우리는 수필이라고 부르는 것이다.

1-4 문학 감상의 방법과 비평

　IB의 문학은 상당히 본격적인 문학 공부를 요구한다. 그러므로 한국 문학과 세계 문학을 두루 공부하여야 하며 시, 소설, 희곡, 수필에 이르기까지 문학의 모든 장르를 마주치게 된다.

　일단 지식의 종류를 잠시 살펴보자. 수학이나 과학처럼 답이 딱 떨어지는 지식도 있으며 경제나 역사처럼 상당히 개연성이 높은 답을 가진 학문도 있다. 그런데 문학의 지식은 어떤 면에서는 차라리 예술의 지식과 닮아 있다. 즉 정답은 없다. 예를 들어 한 편의 시가 있다고 하자. 과연 이 시의 주제가 무엇이라고 한 가지로 답을 한다는 것이 가능한 일일까? 그 시의 주제를 한 가지로 정의할 때 오히려 문학을 공부하려는 원래적인 목적은 사라진다. 문학 공부의 본질은 자유이다. 그런 면에서 문학 감상은 음악 감상과 닮아야 한다. 우리는 음악을 감상할 때 감상자로서의 자유와 권리를 만끽한다. 한 편의 음악을 들을 때 그 감상자들은 제각기 자신의 경험과 상태 그리고 취향에 따라 다양한 의견을 피력한다. 그리고 그 노랫말을 만들거나 곡을 만든 사람의 속마음을 알아내려고 굳이 노력하지 않는다. 감상자의 자유와 권리를 결코 포기하지 않는다고 할 수 있다. 어떤 사람은 R&B를 좋아하고 어떤 사람은 발라드를 좋아한다. 그 이유를 묻는다고 하더라도 답은 '그냥 좋으니까'이다. 내가 듣고 좋다고 생각한 음악을 누군가는 쓰레기 같다고 평할 때도 있을 것이다. 그런 경우에 그 음악이 좋은 것인지 쓰레기인지 답이 정해진 것은 아니다. 그저 감상자의 안목 혹은 취향이 다르기 때문이다. 즉 각자 자신의 길을 가면 된다. 하나의 정답을 정하고 그 답과 일치하는지 평가할 필요가 없다는 것이다.

그런데 문학-즉 시나 소설을 떠 올려 보자-을 공부할 때는 그와 같은 감상자의 위치에 자리하기를 포기한다. '나의 이해'를 포기하고 '나의 감상'마저 포기한 채 작가가 과연 무슨 생각을 가지고 이러한 작품을 쓴 것인지 생각한다. 또 숨은 의미를 찾고자 할 때도 그 숨은 의미가 정해진 것이요, 정답이 있을 것이라는 예상을 한다. 이러한 태도로 공부를 하는 한 본격적인 문학 공부는 불가능 하다. 작가가 작품을 쓸 때는 문학이든 음악이든 자신의 경험과 상황 그리고 상상력을 바탕으로 작업을 한다. 그러나 예술 작품이나 문학 작품이 위대하다면 그 이유는 이처럼 작가라는 한 개인의 경험이 다수의 청중으로부터 공감을 얻으며 그 공감은 한 가지가 아니라 각자 자신의 경험을 그 작품에 녹여 넣는다는 점이다. 예를 들어 사랑의 아픔을 노래한 한 편의 음악이 있을 때 많은 이들은 그 음악을 들으며 각자 가슴 아파 한다. 어떤 감상자는 고백 한 번 못해 보고 마음조리고 있는 짝사랑으로 가슴이 아플 것이고 어떤 감상자는 지난 사랑을 추억할 것이며 어떤 감상자는 남녀 간의 사랑이 아닌 부모님 혹은 두고 온 고향에 대한 그리움으로 가슴이 찡할 것이다. 아직 이렇다 할 사랑의 경험이 없는 감상자마저 사랑과 사랑의 잃어버림이라는 감성을 느낄 수도 있다. 이처럼 감상이란 작품에 대한 감상자의 주관적인 경험을 바탕으로 한다. 즉 작가의 의도나 생각이 무엇인지를 맞추려는 시도가 아니라 그 작품을 대하는 나의 생각은 무엇이며 나의 감성적 반응은 무엇인가에 초점을 맞춰야 한다. 내 속에서 들리는 나만의 목소리를 들으려 노력하는 것이 올바른 감상의 태도일 것이다. 정리해 보면 아래와 같은 도식이 성립되며 볼딕 이탤릭체의 밑 줄 친 부분이 문학 분석이 발생하는 부분이다.

> **전통적 감상법 (작가위주)**
> 작가 – 저자 – 작품 – 그 책을 읽는 독자 – 일반 독자
> **현대적 글읽기**
> 작가 – 저자 – 작품 – 그 책을 읽는 독자 –일반 독자

독자가 작품에 대하여 주관적으로 감상을 하는 경우 그 감상의 내용은 사람마다 다를 것이다. 자유로운 해석이 보장된다면 그 해석에 대한 평가는 가능할까? IB에서의 답안은 근본적으로 문학 작품에 대한 감상을 쓰는 것인데 그것이 자유라면 평가 혹은 채점이 어떻게 가능할까? 또 IB가 아니더라도 많은 비평가들의 글은 어떻게 받아들여야 할까?

가장 중요한 것은 독자를 '설득'해야 한다는 것이다. 대부분의 사람들이 해석하는 것과 나의 명제가 매우 다를 수 있다. 그러나 그 다름을 설득할 수 있어야 한다.

> 누가 죽었건 지나가고 나면 아무 것도 아니다. 그들에겐 모두가 평범한 일들이다. 나만이 피를 흘리며 흰 눈을 움켜쥔 채 신음하다 영원히 묵살되어 묻혀 갈 뿐이다. 전 근육이 경련을 일으킨다.
> 추위 탓인가....... 퀴퀴한 냄새가 또 코에 스민다. 나만이 아니라 전에도 꼭 같이 이렇게 반복된 것이다.
> 싸우다 끝내는 죽는 것, 그것뿐이다. 그 이외는 아무것도 없다. 무엇을 위한다는 것, 그것도 아니다. 인간이 태어난 본연의 그대로 싸우다 죽는 것, 그것 뿐이라고 생각하였다.
>
> 오상원, '유예' 중에서

 여러분들이 생각하는 죽음은 어떠한가? 또한 인간은 어떠한가? 위의 소설에서 서술자는(주인공의 목소리와 많이 닮아있다.) 어떤 개인의 죽음을 '지나면 아무것도 아니'며 '평범한 일들'이라고 이야기 한다. 물론 무관한 자의 죽음은 아무 것도 아닐 수 있다. 그러나 가까운 이의 죽음을 상상해보자. 어찌 아무 일도 아닐 수 있으며 평범한 일일 수 있을까? 아직은 죽음은 극복되지 않았다. 인간이 영원한 생명을 가능하게 한다면 그것은 인간보다 유전자가 훨씬 간단한 박테리아부터 일 것이다. 따라서 인간이 영원히 살 수 있게 되기까지는 아주 긴 시간이 걸릴 것이다. 여러분들의 세대까지도 죽음은 인류에게 공평한 운명일 가능성이 높다. 그전에 과학이 해결할 가능성은 거의 없다. 그렇다면 여러분들 자신의 죽음도 분명할 터이고 죽음을 쉽사리 평범한 일이고 지나고 나면 아무 것도 아니라고 말하기는 어려울 것이다. 그러나 삶의 괴로움

한국문학 입문

에 지친 사람이 이 글을 본다면 그에게 죽음은 오히려 희망이고 축복일 수도 있다. 매일 죽음을 접하는 사람들이라면 죽음은 그저 평범하고 성가신 일일 수도 있을 것이다.

> 나는 방죽의 비탈을 내려갔다. 순경 곁을 지나면서 나는 물었다.
> "무슨 일입니까?"
> "자살 시쳅니다."
> 순경은 흥미 없는 말투로 말했다.
> "무슨 약을 먹었는지 모르지만 지금이라도 어쩌면……"
> 순경에게 내가 말했다.
> "저런 여자들이 먹는 건 청산가립니다. 수면제 몇 알 먹고 떠들썩한 연극 같은 건 안하지요. 그것만은 고마운 일이지만."
>
> 김승옥 '무진기행' 중에서

순경의 이야기에서 두 군데 정도에 눈길이 간다. 우선은 '흥미 없는 말투'라는 서술자의 목소리이고 다른 하나는 순경이 직접 진술하는 '그것은 고마운 일이지만'이다. 순경은 많은 죽음을 보아 온 것이 분명하다. 그래서 그에게 죽음은 그저 처리해야 할 하나의 사무일 뿐이다. 죽은 이가 고통스러운 삶을 살다가 마감했지만 그녀의 삶이 주었던 감당 못 할 무게에는 관심이 없다. 잘못해서 죽지 못했다면 행정 처리가 더 복잡하고 수사를 해야 할 일들이 있었을지도 모른다. 따라서 그저 자살에 의한 사망으로 처리해버리면 간단한 '자살 성공'이 '자살 실패'보다 이 순경에게는 더 낫다는 것이다. 그러므로 자살에 성공한 그녀에게 '고마움'을 드러낸다. 이 정도 되면 인간의 목숨은 존엄한 것도 아니고 안타까울 것도 없는 것이다. 작품을 감상하는 모든 이가 유예나 무진기행에서 보이는 죽음에 대한 관점에 동의하여야 하는 것일까?

'유예'에서 인간은 '태어난 본연의 싸우다 죽는' 그냥 그런 존재일 뿐이라고 서술하고 있다. 이 역시 그냥 보고 넘어가기는 어렵다. 싸우다 죽는 것이 인간의 본연, 즉 본질이라는 서술은 인간에 대하여 많은 왜곡이 있는 것은 아닐까? 서술자의 이 진술에서 우리는 영국의 철학자였던 홉스의 인간론이 떠오른다. 인간은 '만인의, 만인에 대한 투쟁'을 하는 존재라고 정의하였고 무수한 근거를 제시한다. 반면 인간은 원래 선한 존재라는 맹자의 논리를 거쳐 오늘 날 가장 뛰어난 심리학자라는 스티븐 핑거의 '선한 본성'도 떠오르게 한다. 과연 인간은 투쟁을 하고 그 투쟁에서 이기려고 발악을 하는 존재일까? 평화나 사랑을 전하려는 많은 종교는 인간의 본성을 거스르는 것일까?

위의 두 문제. 즉 죽음의 가치와 인간의 본질에 대한 질문은 전형적인 '난제'이다. 즉 너무 어려워서 그 답을 알 수 없는 문제라고 할 수 있다. 물론 독자 제위는 나름 스스로 깨달은 인간과 죽음에 대한 의견이 있을 것이다. 그것이 남달리 천재적이든 조금은 무관심하게 어렴풋한 모습을 가지고 있든 인간과 죽음에 대한 개개인의 생각은 차이가 있으며 또 때에 따라서는 자신이 처한 상황에 따라 그 관점이 요동치기도 한다.

오늘은 인간이 아름다워 보이지만 내일은 추악한 존재로 보일 수도 있다. 그리고 홉스의 이론을 아는 사람이 읽을 때와 모르고 읽는 것도 차이가 생긴다. '유예'는 한국 전쟁이 배경인 만큼 그 전쟁을 겪은 세대, 즉 전쟁을 겪은 세대가 느끼는 것과 전쟁을 모르는 세대가 느끼는 것도 다를 것이다. 게다가 전쟁을 겪은 세대라 하더라도 전쟁 직후 절망과 인간에 대한 환멸 속에서 울분으로 이 작품을 접하는 것과 그 후 신화적인 경제적 성장과 팍스 코레아나를 이루고 난 후의 생각은 전혀 다르지 않을까? 매우 주관적일 수 있고 때에 따라 변하는 것, 그것이 문학과 예술 감상인 것이다.

그럼에도 '유예'에서 주장하는 인간에 대한 가혹한 평가에 어떻게 찬성을 할 것이며 어떻게 반대를 할 것인가? 즉 '나의 관점' 역시 죽음은 그저 평범한 것이며 인간의 삶은 투쟁의 연속일 뿐이라고 한다면 어떻게 이것을 뒷받침하는 논리를 펼 수 있을 것인가? '나의 관점'은 주관적이고 직관적이다. 그러나 '나'의 글은 독자 (실은 채점자일 것이다.)에게는 논리적이고 객관화된 논리로 접근하여야 한다. 인생은 가치 있고, 인간이 '빈 서판'같은 존재이든 '선한 존재'이든 이 글의 인간과는 다르다고 주장하고 싶을 때도 마찬가지이다. 필요한 것은 객관화 시킬 수 있는 논리와 이를 뒷받침할 수 있는 근거이다. 여러분의 글을 읽는 사람이 고개를 끄덕일 수 있어야 한다. 이 역시 읽는 이의 관점을 인정하는 비평, 즉 독자입장에서의 비평(Reader response criticism) 이어야 한다. 그 방법은 두 가지이다. 우선 텍스트에서 중심이 되는 내용과 주변의 상황을 연결하여 설명하는 방식이다. 이를 구조발생주의라고 하는데 문학의 구조가 발생되는 것은 그 시대의 반영이 바탕이 된다는 이론이다.

예를 들어 어떤 사회에 살인 사건이 벌어졌다고 생각해 보자. 그 사건을 일으킨 것은 한 명의 범죄자이지만 그 사회는 한 명의 범죄자를 키워내는데 일말의 책임이 잇는 경우가 많다. 한국의 유명한 연쇄살인범은 늘 무시당하는 삶을 살았으며 가난으로 인하여 어머니를 잃어야 했다. 그러나 그 동안 따스한 말이나 눈길 혹은 이웃의 손길은 없었다고 한다. 우리 사회가 조금만 따스하다면 극악한 많은 범죄는 사라질 수 있다. 서구 국가의 경우 인종적 차별은 대를 이어 범죄를 저지르도록 한다. 분명 사회도 그 범죄에 공범일 가능성이 크다. 그러나 그 인과관계가 온전한 것은 아니다. 즉, 같은 환경에서 환경을 이겨 낸 수많은 사람이 있기 때문이다. 분명 하나의 원인이기는 하지만 그 원인이 결정적이라고 말하는 것은 과학적인 엄밀한 사고는 아니다. '심증'은 가지만 '물증'은 없는 경우이기에 부정확한 주장이라고 할 것이며 설득의 신뢰도는 떨어진다. 인간은 부정확한 정보에는 잘 움직이지 않는다.

따라서 이와 같은 논리가 가지는 부정확성을 제거하는 방법이 필요하다. 부정확성을 제거하는 방법은 그 글 속에서 흐름에 따라 논리적인 근거를 찾아 내는 것이다. 이를 구조주의적 접근이라고 한다. 우리가 가진 텍스트를 외부 사건의 영향으로부터 떨어뜨려서 생각하는 방법을 의미한다. '유예'의 주인공이 겪은 한국 전쟁은 다른 한국인들과는 또 다르다. 따라서 그가 과연 그런 생각을 하게 될 만큼의 타당성이 있는지 앞, 뒤의 문맥에 따라 생각해 보는 것이다.

> 그들이 정신을 잃고 쓰러졌을 때는 이미 새벽이 가까워서였다. 산 속의 아침은 아름답다. 눈 속에 덮인 산 속의 새벽은 더욱 그렇다. 나뭇가지마다 소복이 쌓인 눈이 햇볕에 반짝인다. 해가 적이 높아졌을 때 그는 겨우 몸을 일으켰다. 선임 하사는 피에 붉게 젖은 한쪽 다리를 꽉 움켜쥔 채 의식을 잃고 쓰러져 있다. 검붉은 피가 오른편 어깻죽지와 등에 짙게 얼룩져 있다. 그는 급히 선임 하사를 부축하여 일으켰다.
> 조용히 눈을 뜬다. 그리고 소대장을 보자 쓸쓸히 입가에 웃음을 지었다. 그 순간 그는 선임 하사를 꼭 끌어안고 뺨을 비벼 대었다. 단 둘뿐! 이제는 단 둘이 남았을 뿐이었다.
> "소대장님, 인제는 제 차례가 된 모양입니다."
>
> 오상원, '유예' 중에서

'유예'의 또 다른 장면이다. 이 발췌 글의 소대장이 바로 인간에 대한 환멸을 이야기한 작중 인물이다. 그의 담담한 서술의 이면에는 전우에 대한 사랑과 죽음에 대한 격정적인 슬픔이 배어 있다. 즉 그가 인간과 죽음에 대해서 환멸을 느끼기 전의 또 다른 '그'가 있음을 알 수 있다. 구조 발생적으로 크게 본다면 전쟁이 인간에 미친 영향이 되겠지만 이 작품 속에서 보자면 가까운 이들의 죽음 앞에서 아무런 힘이 되 줄 수 없었던 살아남은 자의 슬픈 절규만이 귓전을 맴돈다. 선임하사의 의연한 마지막 말, '소대장님 인제는 제 차례가 된 것 같습니다.'의 슬픔이 소대장에게는 어떤 영향을 미쳤을까? 슬픔은 사람을 송두리째 바꾸는 힘을 가지고 있다. 버려진 슬픔도, 살아남은 자의 슬픔도 말이다.

문학을 감상하는 근본적인 태도는 자유를 근간으로 한다. 그러나 자유는 늘 의무를 수반한다. 의무 대신 책임이라고 하는 것이 더 좋은 표현일 수도 있겠다. 그 책임은 '나'의 생각을 독자에게 좋은 방법으로 잘 이해시키는 것이다. 그렇기 위해서는 감상자는 풍부한 배경 지식과 책 속에서 근거를 찾아내는 통찰력 그리고 나만의 발견을 할 수 있는 창의력이 모두 요구된다. 글은 눈으로만 읽을 것이 아니라 마음으로 읽어야 하며 그 상황에 자신을 풍덩 빠드리고 마음껏 느낄 때 좋은 감상의 글이 탄생할 것이다.

제 2 막
한국 문학의 이해

2-1. 한국 문화와 한국 문학

1) 신명과 한

우리는 앞에서 '한'에 대하여 살펴 본 바가 있다. '한'은 애증과 같이 이중적인 감정이며 또한 스스로 삭일 수도 있고 칼을 갈수도 있는 매우 복잡한 감정이다. 그리고 매우 한국적인 감정이다. (원래 한국인이 복잡하다.) 이 복합적인 감정인 한의 반대말이 바로 신명이다. 따라서 신명 역시 복합적인 감정이며 문학에 쓰일 만큼 복잡한 정서이다. 신명은 물론 신이 난다는 뜻이다. 그래서 신명이라고 하면 어깨춤을 먼저 떠올릴 수 있다. 그러나 신명이나 한이 정서의 주류를 이루던 전통 사회에서 서민의 삶은 그리 녹녹하지 않았을 것으로 추정된다. 충분하지 못한 영양분을 섭취하며 위생적으로도 (당시 세상은 어디나 그랬지만) 불결한 환경에 노출되었을 것이다. 정치적으로도 자유나 평등을 누릴 수는 없었다. 귀족 계급의 횡포와 착취 그리고 홍수나 가뭄 등 자연의 변덕에 눈물 흘리는 삶이었을 것이다. 이들의 고단한 삶에 무슨 신명 날 일이 있었겠는가? 그래서 신명은 오히려 힘들고 고단한 삶을 벗어 던지기 위한 하나의 방편으로 존재했다. 즉 신날 일이 있어 신명이 난 것이라기보다는 신명을 냄으로써 신이 날 수 있도록 했다는 것이 맞을 것이다. 즉 기뻐서 웃는 것이 아니라 웃어서 기뻐지는 행동주의 심리학적 이론이 적용된다.

불붙는데 부채질 호박에다 말뚝박고

길가는 과객양반 재울듯기 붙들었다

해가지면은 내어쫓고

초란이 보면 딴낯짓고 (중략)

우는 놈은 발가락 빨리고

똥누는 놈 주저앉히고

제주병에 오줌싸고

소주병 비상넣고

새망건 편자끊고

새갓보면은 땀때 띠고

앉은뱅이는 택견,

곱사동이는 되집어 놓고

봉사는 똥칠허고

애밴 부인은 배를 차고

길가에 허방놓고

옹기전에다 말달리기

비단전에다 물총놓고.

'흥보가' 중에서

흥보(부)가의 시작 장면이다. 흥부의 못된 형 놀부의 심술보를 이야기하는 대목이다. 불 난 집에 부채질을 하고 호박이 잘 익어 커지면 (할로윈 호박처럼 큰 호박)에 말뚝을 박아 못 쓰게 만들고 지나가는 나그네에게 접근하여 재워줄 것처럼 하다가 밤이 되면 내쫓아 갈 곳 없게 만들기도 하는 등 놀부가 하는 짓 들은 기상천외하다. 그런데 신기한 것은 물론 착한 짓은 아니지만 그 하는 짓들이 웃기기도 하고 동네 개구쟁이를 보는 정도의 느낌을 준다.

다 큰 사람이 하면서 재미있어 할 일들은 아닌 것 같다. 놀부의 악행이래야 양반의 심술궂음을 희화한 정도의 모습이다. 연쇄 살인 같은 중대 범죄로 악인을 만들어 놓지 않았다. 흥부가 놀부의 부인 즉 형수에게 밥주걱으로 뺨을 맞은 후 볼에 묻은 밥풀을 떼어 먹는 장면 역시 흥부의 가난을 희화화 하고 있다. 나쁜 사람이지만 진짜 악인을 만들지 않고 가난에 고통을 받는 사람이지만 가난을 사실주의적으로 그려내지 않는다. 대신 웃음을 얻는다. 그 웃음은 신명으로 연결될 가능성이 높다. 이런 웃음을 우리는 해학이라고 부른다. 비극이지만 비극적이지 않고 악하지만 악하지 않은 것, 그것이 한국 문학이 가진 해학이다. 풍자이기도 하고 커리커쳐이기도 한 해학은 '골계미'라는 이상한 이름의 아름다움을 가졌다고 한다. 아름다움이란 인간의 마음에 감동 즉 움직임을 줄 수 있는 어떤 요소라고 정의할 수 있다. 그런 아름다움 중 가장 거룩한 아름다움을 '숭고미'라고 하는데 경건하고 규모가 큰 유럽의 성당이나 궁전 등에서 느낄 수 있는 인간을 압도하는 아름다움이다. 그런데 그와는 반대로 도저히 아무것도 아니며 분뇨담(인간의 배설물을 이용하면 쉽게 웃음을 끌어 낼 수 있다. 유재석도 진행 중 심심치 않게 사용하는 농담이다. 놀부가 '똥 누는 놈 주저앉히는' 행위는 전형적인 분뇨담이다.) 수준으로 지저분한 이야기가 바로 골계미이다. 골계의 한자적 의미는 어지러울 골(滑)자와 말다툼을 나타내는 계(稽 : 현대에는 '머무르다.'의 의미로 쓰임)의 합성어로 어지럽게 말다툼을 하며 위트를 구사하기도 하고 비꼬기도 하는 등의 상황을 나타낸다. 중국 역사가인 사마천이 쓴 '사기'의 골계열전이 골계미의 기원이기도 한대 사마천은 가장 위대한 역사적 주인공들을 위인전 형태(기전체)로 서술하다가 골계열전에 가서는 역사상 가장 재미있는 사람들이나 가객들 (현대 개념으로는 연예인 사전)의 이야기를 쓰고 있다. 앞의 왕들의 이야기나 영웅들의 이야기가 숭고미라면 뒤의 골계 열전의 내용은 그야말로 골계미이다. 요즘 TV로 치자면 정치 경제 등 뉴스 코너나 다큐는 숭고미를 불러일으키고 개그나 예능 프로는 골계미를 불러일으킨다고 생각할 수 있다. 개그나 예능을 보고 한바탕 웃고 나면 일상의 피곤한 찌꺼기가 없어지는 감정의 움직임 즉 감동이 생기는데 이런 유형의 감동을 만들어 내는 아름다움이 바로 골계미이다. 놀부는 개그 콘서트에 나올 악인의 유형이지 경찰서 현상 수배에 붙을 진정한 악인의 초상을 가지고 있지 못하다. 이런 골계적 성격화는 당시의 피곤한 서민들에게 신명을 주었다.

'한' 역시 이와 무관하지 않은 부분이 있다. '한'이 주가 되는 작품에는 꼭 '풀이'가 있다. 즉 한풀이가 있다는 의미인데 작품에 한이 등장하는 이유가 한을 키우기 위해서라기 보다는 한의 풀림을 보여주기 위한 경우들이 더 많았다.

> 그 뒤로는 신관이 부임할 때마다 그날로 밤중에 귀신이 나타나 신관은 기절하여 죽고 말았으므로 밀양태수로 가고자 하는 자가 없어 조정에서는 자원자를 구하여 내려 보냈다. 신임태수는 도임 당야에 촛불을 밝히고 책을 읽고 있던 중 음풍이 일며 방문이 열리고, 산발하고 가슴에서 피를 흘리는 여인이 목에 칼을 꽂은 채 나타났다. 그 여인의 호소로 아랑을 억울하게 죽게 한 통인의 이름을 알게 된 신임태수가 이튿날로 범인을 잡아 처형하였더니 그 뒤로는 신임태수가 변을 당하는 일이 없어졌다는 이야기이다.
>
> **아랑설화 [阿娘說話] (국어국문학자료사전, 1998, 한국사전연구사)**

한국 귀신 중 가장 대표적인 귀신인 처녀 귀신의 이야기이다. 후일 밀양 아리랑의 모티브가 된 이야기이기도 하다. 신관 사또가 오기만 하면 하루를 못 넘기고 처녀 귀신 때문에 주검이 되어 나간다. 얼마나 사납고 못된 귀신이기에 모든 사또가 죽는 것일까? 러나 실상은 그렇지 않다. 한 많은 처녀 귀신이 나타나자 겁 많은 사또들이 지레 심장마비가 온 것이었다. 귀신은 머리 풀고 입에 피를 머금은 무서운 모습이었지 서양의 뱀파이어나 드라큘라 마냥 진짜 인간을 해치는 귀신이 아니다. 귀신인 아랑은 자신의 억울함과 한 맺힌 죽음을 고하려 하였던 것뿐이다. 결국 귀신 이야기에서도 중요한 것은 한의 맺힘과 풀림이다.

> 보름달은 밝아 어떤 녀석은
> 꺽정이처럼 울부짖도 또 어떤 녀석은
> 서림이처럼 해해대지만 이까짓
> 산 구석에 쳐박혀 벌버둥친들 무엇하랴
> 비료 값도 안 나오는 농사 따위야
> 아예 여편네에게나 맡겨 두고
> 쇠전을 거쳐 도수장 앞에와 돌 때
> 우리는 점점 신명이 난다.
> 한 다리를 들고 날라리를 불꺼나.
> 고갯짓을 하고 어깨를 흔들꺼나
>
> 신경림, 농무, 1973

현대시에서도 이 신명과 한이 범벅이 된 얼굴의 작품은 도처에서 발견된다. 발버둥쳐봐야 답이 안 나오는 인생이지만, 그리고 그 이유가 본인들의 노력의 부족이 아닌 사회 구조적인 문제이지만 그네들은 신명으로 한을 풀어낸다.

이렇듯 우리나라 전통 사회의 문화는 극한의 고통 속에서도 그 고통을 그대로 재현해 내기 보다는 복합적인 감정으로 승화시키고 풀어가는 '풀이'의 문화였던 것이다. 요즈음 분노 조절 장애 환자가 늘어나고 '갑'과 '을'의 대치가 험해지는 한국 사회의 병든 자화상을 보면 선인들의 풀이의 지혜가 담긴 전통 문화가 그저 예전에만 유효했던 문화는 아닌 듯싶다.

2) 은근과 끈기

한국 근대 문학은 3.1 독립 혁명이 있었던 1919년 '창조'라는 이름의 잡지의 탄생으로 제대로 된 첫 열매를 맺게 된다. (이 부분은 한국 사회와 문학에서 다시 다룰 것이다.) 문학 작품에서는 근대적인 면모를 보인 이광수, 김억, 김소월, 최남선, 한용운 등이 있었다면 이론을 정리하여 한국 문학의 이론을 정립한 분은 조윤제 선생이다. 조윤제 선생은 한국 문학을 '은근과 끈기'라고 정의하였다. 이 장에서는 우선 조윤제 선생의 한국 문학에 대한 한 편의 글을 읽으며 시작하자. 이 글은 1948년 자신의 저서 국문학사에서 주장한 은근과 끈기 그리고 한국문학에 대한 글이다.

> 한국 문학과 한국사람 생활의 특질(特質)이란 어떤 것인가? 오랜 역사의 전통에서 살아 온 한국 사람의 생활에 특질이 없을 리 없고, 또 그를 표현한 한국 문학에 특질이 없을 수 없다. 한국 예술(藝術)을 흔히들 선(線)의 예술이라 하는데,

> 기와집 추녀 끝을 보나, 버선의 콧 등을 보나, 분명히 선으로 이루어진 극치(極致)다. 또, 미인(美人)을 그려서 한 말에 '반달 같은 미인'이란 말이 있으니, 이도 또한 선과 선의 묘미(妙味)일 뿐 아니라, 장구 소리가 가늘게 또 길게 끄는 것도 일종의 선의 예술일 시 분명하다. 그런데, 반달은 아직 충만(充滿)하지 않은 데 여백이 있고, 장구 소리에는 여운(餘韻)이 있다. 이 여백과 여운은 그 본체(本體)의 미완성(未完成)을 말함일지 모르나, 그러나 그대로 그것은 완성의 확실성을 약속하고, 또 잘리어 떨어지지 않는 영원성을 내포하고 있으니, 나는 이것을 문학에 있어, 또 미에 있어 '은근'과 '끈기'라 말하고 싶다.
>
> 도남 조윤제, 은근과 끈기

춘향전(春香傳)은 고전 문학에 있어 걸작이라 평하고, 주인공 춘향은 절대 가인(絶對佳人), 만고 절색(萬古絶色)이라 한다. 그러나 춘향전은 어디가 좋은가? 춘향과 이 도령(李道令)의 로맨스쯤은 어디에도 있을 수 있는 일이니, 그것만이 춘향전의 우수성이 될 리 없고, 또 춘향전이 가곡(歌曲)이라 해봤자, 그 외에도 얼마든지 좋은 가곡이 있어 하필 춘향전이 걸작 될 것 없는 것 같지만, 그래도 어딘지 모르게 좋고, 언제 어디서 몇 번을 보고 듣고 읽어도 좋다. 이것은 무엇인가? 곧, '은근'이다. 좋다는 점이 뚜렷이 그대로 노출(露出)되지 않고, 여백과 여운을 두고 있는 곳에 은근한 맛이 있어, 일상 보고 듣고 읽어도 끝이 오지 않는다. 더욱 춘향의 미에 이르러서는, 그 얼굴, 그 몸맵시 어디 하나 분명히 손에 잡힐 듯이 묘사된 바 없고, 그저 '구름 사이에 솟아 있는 밝은 달 같고, 물 속에 피어 있는 연꽃과 같다.'하였지마는, 춘향전 전편을 통해서 보면, 춘향같이 예쁜 계집이 없고 아름다운 여자가 없다. 즉, 춘향은 둘도 없는 절대 가인이요, 만고 절색으로 나타난다. 이것은 곧 춘향의 미가 은근하게 무럭무럭 솟아올라와, 독자로 하여금 마음껏 그 상상에 맡겨, 이상적인 절대의 미경(美境)에 춘향을 끌고 가게 하기 때문이다. 또, 고려 때 시가(詩歌)에,

> 가시리 가시리잇고 버리고 가시리잇고
> 날러는 엇디 살라하고 버리고 가시리잇고
> 잡사와 두어리마 선하면 아니 올셰라
> 셜온 님 보내옵노니 가시는 듯 도셔 오쇼셔

라는 이별가가 있다. 이 또한 얼마나 은근한가? 그리운 임을 보내는 애끓는 정은 측정할 수 없고, 따라 그 애원, 호소, 연연(戀戀)의 정이 지극하지마는, 그것이 실로 은근하게 나타나 애이불비(哀而不悲)하는 소위(所謂) '점잔'을 유지하면서, 문자 밖에 한없는 이별의 슬픔이 잠기어 있다.

이렇게 은근하고 여운이 있는 정취(情趣)는 저절로 끈기가 붙어 있는 것이니, 앞의 가시리 이별가에서 볼지라도, 그 그칠 줄 모르게 면면히 길게 또 가늘게 애처롭게 끄는 그것은 일종의 '끈기'라 아니 할 수 없다. 더욱이 정포은(鄭圃隱)의 단심가(丹心歌), 에 이르러서는 한국 문학의 끈기가 온통 그대로 표출(表出)되어 있는 감이 있다. 이러한 표현과 묘사는 우리 문학 작품에 있

어 결코 희소(稀少)하지 않으니, 이를테면 유산가(遊山歌)의 일절(一節)에,

> 층암 절벽상(層巖絶壁上)에 폭포수는 콸콸, 수정렴(水晶廉) 드리운 듯, 이 골 물이 주룩주룩, 저 골 물이 솰솰, 열에 열 골 물이 한 데 합수(合水)하여 천방져 지방져, 소코라지고 펑퍼져 넌출지고 방울져, 저 건너 병풍석(屛風石)으로 으르렁콸콸 흐르는 물결이 은옥(銀玉)같이 흩어지니, 소부(巢父), 허유(許由) 문답(問答)하던 기산 영수(箕山穎水)가 이 아니냐.

라 한 것이라든지, 또 사설 시조에,

> 대천 바다 한가운데 일천 석(一千石) 실은 배나무도 바윗돌도 없는 뫼에 메게 휘쫓긴 까나무도 바윗돌도 없는 뫼에 메게 휘쫓긴 까토리 안과, 대천 바다 한가운데 일천 석(一千石) 실은 배에, 노도 잃고 닻도 잃고 용총도 끊고 돛대도 꺾고 키도 빠지고 바람 불어 물결치고 안개 뒤섞여 잦아진 날에, 갈 길은 천리 만리 남고 사면(四面)이 거머어득 저문 천지 적막(天地寂寞) 가치놀 떠 있는데, 수적(水賊) 만난 도사공(都沙工)의 안과, 엊그제 여읜 내 안이야 얻다가 가홀하리요.

라 한 것이라든지, 모든 소설의 주인공들이 파란 중첩(波瀾重疊)하고 복잡 기괴(複雜奇怪)한 일생에서 모든 간난(艱難)을 극복

하고, 결국 해피 앤드로 끌어가는 것이라든지 하는 것은 다 그러한 것이다.

'은근'과 '끈기', 이것은 확실히 한국 문학에 나타나는 현저한 한 모습일 것이다. 혼돈 광막(渾沌廣漠)한 것이 중국 문학의 특성이고, 유머러스한 것이 영국 문학의 특성이고, 담박 경쾌(淡泊輕快)한 것이 일본 문학의 특성이라고 한다면, 나는 감히 이 '은근'과 '끈기'를 한국 문학의 특성이라 주장하고 싶다.

우리 민족은 아시아 대륙의 동북 지방, 산 많고 들 적은 조그마한 반도에 자리잡아, 끊임없는 대륙 민족의 중압(重壓)을 받아 가면서 살아 나와서, 물질적 생활은 유족(裕足)하지를 못하였고, 정신적 생활은 명랑하지를 못하였다. 그리하여, 우리는 어느덧 자신도 모르게 은근하고 끈기 있는 문학 예술 내지는 생활을 형성하여 왔다. 그것의 호불호(好不好)가 문제가 아니라, 그것이 과거의 전통이었고, 또 반 운명(運命)이었다. 그렇기 때문에 그렇게 살아 나왔고, 그렇게 살아 있고, 또 앞으로도 그렇게 살아갈 것이다.

그러므로, '은근'은 한국의 미요, '끈기'는 한국의 힘이다. 은근하고 끈기 있게 사는 데 한국의 생활이 건설되어 가고, 또 거기서 참다운 한국의 예술, 문학이 생생하게 자라나갈 것이다.

위의 조윤제 선생이 바라 본 은근과 끈기의 한국 문학은 전통 문학에서만 보여 준 특질이 아닌 한국 문학의 한 뿌리를 이뤄 그 이후의 문학에서도 여전하게 나타난다.

노주인(老主人)의 장벽(腸壁)에
무시(無時)로 인동(忍冬) 삼긴 물이 나린다.

자작나무 덩그럭 불이
도로 피어 붉고,

구석에 그늘 지어
무가 순 돋아 파릇하고,

흙 냄새 훈훈히 김도 사리다가
바깥 풍설(風雪) 소리에 잠착하다.*

산중(山中)에 책력(冊曆)도 없이
삼동(三冬)이 하이얗다. (1941년 문장)

인동 차 정지용

　　인동초는 한국의 겨울 산 어디서나 볼 수 있는 풀이다. 그 풀은 겨울을 견뎌내며 작은 열매를 맺는다. 그 질긴 생명력이 어딘지 우리네의 역사와 닮아 있고 혹한 보다 추웠을 그 시대에 던져지는 화두 같기도 하다. 그러나 그 질긴 생명력에 호들갑을 떨며 찬탄 하지도 않는다. 차를 다리는 오랜 시간이 보이고 노인의 장벽을 천천히 흘러내리는 인동 차가 마치 시간을 견뎌내는 오늘과 다시 자작나무에 붉은 불이 올라오는 시각적 심상이 푸른 무 순과 만나 내일을 희망하도록 한다. 그 희망 역시 은근하다. 산중에는 책력(달력)도 없다. 기다림만 있을 뿐 그 기다림을 재촉하지 않는다. 그저 은근과 끈기로 견뎌낸다. 세상은 순리가 있음을 자연을 보고 배운 노인은 이 겨울이 지나면 봄이 올 것을 너무도 잘 안다. 그러나 봄을 당길 수도 없고 당긴다고 해도 거대한 자연의 시간 속에서 그 사건은 자질구레한 사건일 뿐이다. 그 기나 긴 시간과 대비만 하여도 우리네 고통은 찰나일 뿐이다. 노인은 믿음이 있기에 은근하고 끈기가 있을 뿐이다.

  문학은 그 본질이 어떠할까? 지적인 상상력의 세계이고 고급스러운 감정이 어우러져서 인간의 가장 세련된 무기인 언어로 표현되는 예술이다. 따라서 좋은 문학은 경박할 수 없고 좋은 문학은 오늘에 머무를 것이 아니라 미래를 바라보는 혜안을 가져야 한다. 오늘을 견디는 끈기는 내일을 보는 눈을 준다. 문학의 언어는 가장 깊이 있게 세상을 전해주는 만큼 세상사의 표피만 건드리는 천박한 언어로 구성되지 않는다. 앞서 조윤제 선생이 이야기한 애이불비의 태도가 문학의 언어를 다루는 태도이어야 한다. 서구 낭만주의 사조의 작품이 노출하는 는 슬프면 슬프다고, 기쁘면 기쁘다고 호들갑을 떠는 감정의 과잉은 좋은 문학의 요소와는 다소 거리가 있다. 'When I behold the rainbow, my heart leaps up(무지개를 보면 내 심장이 뛴다.: 영국의 낭만파 시인 워즈워드의 시구절이다.)' 에서 우리는 무엇을 기대할 수 있을까? 정지용이었다면 노인장의 시린 눈에 천천히 베어드는 무지개가 노인이 여리게나마 자신의 심장의 아직 뛰고 있음을 느끼게 하였을 것 같다. 언어의 은근함은 정서와 사상의 깊이를 상당히 담보할 수 있다. 끈기와 은근함을 가진 문학은 따라서 좋은 문학이 될 잠재성이 높다. 우리 문학에 한 때 기대를 가져봤던 까닭이다.

3) 문화의 상실, 상실의 문화

잃어버림은 잃어버림으로 끝나지 않는다. 상처를 남긴다. 상처를 받는 순간 문제의 방향은 전혀 달라진다. 국권의 상실이 상처를 남기지 않는다면 국권을 되찾는 순간 모든 문제는 종료되어야 한다. 그러나 국권 상실이 상처로 남는 순간 문제는 전혀 달라진다. 사랑을 잃어 본 사람은 알 것이다. 사랑을 잃어버린 상처가 얼마나 인생에 깊숙한 영향을 미치는지. 명랑했던 사람이 말이 없어지고 세상을 믿던 사람이 갑자기 세상을 믿지 못하기도 하고 자신에 대한 자신감은 사라진 채 세상에 대한 분노를 조절하지 못하게 되기도 한다.

아래의 글은 1905년 대한제국이 주권을 잃어버린 날의 신문 사설로 이 글의 제목과 내용은 여전히 역사의 살아있는 교훈으로 이 땅에 존재한다. 상실이 얼마나 큰 상처가 되어 우리 민족의 폐부를 찌르는지를 여실히 보여주는 글이다.

> 지난 번 이등(伊藤) 후작이 내한했을 때에 어리석은 우리 인민들은 서로 말하기를, "후작은 평소 동양삼국의 정족(鼎足) 안녕을 주선하겠노라 자처하던 사람인지라 오늘 내한함이 필경은 우리 나라의 독립을 공고히 부식케 할 방책을 권고키 위한 것이리라."하여 1) 인천항에서 서울에 이르기까지 관민상하가 환영하여 마지 않았다. 그러나 천하 일 가운데 예측키 어려운 일도 많도다. 천만 꿈밖에 5조약이 어찌하여 제출되었는가. 이 조약은 비단 우리 한국뿐만 아니라 동양 삼국이 분열을 빚어 낼 조짐인 즉, 그렇다면 이등후작의 본뜻이 어디에 있었던가?

(중략)

아, 4천년의 강토와 5백년의 사직을 남에게 들어 바치고, 2천만 생령들로 하여금 남의 노예 되게 하였으니, 2)저 개돼지보다 못한 외무대신 박제순과 각 대신들이야 깊이 꾸짖을 것도 없다 하지만 명색이 참정(參政)대신이란 자는 정부의 수석임에도 단지 부(否)자로써 책임을 면하여 이름거리나 장만하려 했더라 말이냐.

3) 김청음(金淸陰)처럼 통곡하여 문서를 찢지도 못했고, 정동계(鄭桐溪)처럼 배를 가르지도 못해 그저 살아남고자 했으니 그 무슨 면목으로 강경하신 황제 폐하를 뵈올 것이며, 그 무슨 면목으로 2천만 동포와 얼굴을 맞댈 것인가.

아! 원통한지고, 아! 분한지고. 우리 2천만 동포여, 노예된 동포여! 살았는가, 죽었는가? 4) 단군.기자 이래 4천년 국민정신이 하룻밤 사이에 홀연 망하고 말 것인가. 원통하고 원통하다. 동포여! 동포여!

시일야방성대곡 (是日也放聲大哭)

장지연,황성신문, 1905. 11. 20

상실이 어떤 상처를 만들었으며 그 상처는 정신적으로 어떤 트라우마로 작용이 될까? 밑 줄 친1)에서 보는 바와 같이 이등 후작(이토오 히로부미; 후일 안중근에 의하여 살해된다.) 으로부터 배반을 당하였고 2)에서 보듯 한국의 관료들 역시 국민을 배반하였다. 그런데 이 배반이 가리키는 곳은 배반을 당한 '우리들'이다. 즉, 배반을 한 놈들이야 나쁜 놈들이지만 배반을 당하면서도 미리 알지 못하고 미리 방비하지 못한 지식인들 스스로의 자책이 그 뒤에 숨어있다. '일본'을 믿으려 하였고 일본과 한 패인 것이 뻔한 정부의 관료를 믿으려 하였던 우매함에 대한 자책이 뼈 깊숙이 새겨진다. 그 상처의 깊이는 3) 번에서 볼 수 있는데 '배를 가르지 못한' 자책이다. 즉, 악을 행한 것은 일본인데 자책에 의해서 심한 공황장애를 겪는 것은 상처를 입은 한국의 지식인들이다. 이들은 이제까지 자신들이 믿은 모든 믿음과 가치관은 잘 못 된 것이었다고 판단하게 된다. 우리 자신도 이웃인 일본도 믿을 수 없다. 힘이 갑자기 세져서 원수를 갚고 싶을 뿐이다. 자신을 믿지 못할 때 인간은 자존감과 자기 정체성을 잃거나 버리게 된다. 그리고 악인이 가진 것을 탐내게 된다. 결국 국권상실이라는 외교적이고 정치적인 문제가 한국이 전통과 그 가치관을 철저히 스스로 부인하는 결과를 초래한다. 그 사라지는 전통의 자리에 설익은 서구 문화가 자리를 잡는다. 아래의 시는 민족 시인이라 할 수 있는 미당 서정주 시인의 초기 작품이다.

> 너의 할아버지가 이브를 꼬여 내던 달변(達辨)의 혓바닥이
> 소리 잃은 채 낼름거리는 붉은 아가리로
> 푸른 하늘이다…… 물어뜯어라. 원통히 물어뜯어,
>
> 달아나거라, 저놈의 대가리!
>
> 서정주, 화사 중에서

아가리, 대가리 등의 거친 시어, 운율이 전혀 없는 산문적인 문체 그리고 성서의 인물인 이브와 뱀의 설화가 어설프게 시를 형

성하고 있다. 우리의 사라진 시적 전통을 대신하기 위한 서구 시적 전통에 대한 어설픈 모방이다. 그러나 조선의 지식인들은 어느 순간 우리가 극복해야 할 것이 정체성의 상실이며 그 정체성의 중심에는 고유의 전통이 있음을 알게 된다.

> 눈이 부시게 푸르른 날은
> 그리운 사람을 그리워하자
> 저기 저기 저 가을 꽃 자리
> 초록이 지쳐 단풍 드는데
> 눈이 내리면 어이 하리야
> 봄이 또 오면 어이 하리야
> 내가 죽고서 네가 산다면!
> 네가 죽고서 내가 산다면!
> 눈이 부시게 푸르른 날은
> 그리운 사람을 그리워하자.
>
> **서정주, 푸르른 날**

푸르른 날이라는 이 아름다운 시는 앞의 화사라는 거친 시를 쓴 서정주 시인이다. '푸르른'이라는 한국어 고유의 청아한 아름다움을 색채감, 발음 그리고 의미의 미묘함을 통하여 한껏 들어낸다. 그리움이 가지는 한의 정서와 5.5조의 운율이 음악성을 더한다. 우리 시가의 아름다운 전통을 담았으면서도 구태가 없다. 다시 우리 전통을 찾으려는 노력이 보였던 것이다. 이는 우리 정체성을 되찾으려는 노력이요, 상처로 잃은 것이 무엇인지를 자각한 순간이기도 하다.

> 장날이 되고, 곽서방은 자신의 매를 찾아 다녔다. 그러다 전에 다른 마을에서 매잡이를 하다 지금은 어디로 가버렸는지 종적조차 알 수 없던 얼굴을 만났다. 그에게는 번개쇠가 들려있었다. 곽서방은 기쁜 마음으로 그에게 매값을 지불하려했다. 그러나 그는 "매값? 가지고 가게. 가지고 가서 꾸어 온 사람에게 돌려주게. 보나마나지. 매잡이에게 그런 돈이 어디서 나와? 그만 돈을 꾸어 올 것만도 용허네."하면서 술값까지 자기가 치르고 있었다. "아니 이 사람이? 자네 정 이러긴가. 자네가 이러면 내 도리가......" 마을로 돌아오는 곽서방의 심경은 어느 때보다도 허전하기 그지없었다. 차라리 매값이 적다고 투정이라도 잔뜩 들었다면 마음이 후련할 것 같았다. 곽서방은 매값으로 받은 돈이 다 떨어질 때까지 술을 마셨다. 그리고 잠이 들었다.
>
> **이청준, 매잡이 중에서**

　　서구의 총이 들어오면서 우리 전통인 사냥 방식인 매로 꿩을 사냥하는 소위 매사냥 방식은 사라져 간다. 별로 효율적이지도 않은 사냥 방식을 고집할 필요가 있을까? 현실 논리에서 매잡이가 사라지는 것은 어쩌면 순리에 가깝다. 그러나 이청준이 제시하는 문제는 좀 다른 곳에 있어 보인다. 이청준의 작중 인물은 이름이 없는 경우가 많다. 그 유명한 '서편제'에도 '사내', '여인'으로 주인공을 표현한다. 인물들에게서 정체성을 제거한 것이다. 이름과 정체성의 관계는 아래의 시에서 잘 보여주고 있다.

> 내가 그의 이름을 불러주기 전에는
> 그는 다만 하나의 몸짓에 지나지 않았다
>
> 내가 그의 이름을 불러 주었을 때
> 그는 나에게로 와서 꽃이 되었다
>
> **김춘수, 꽃 중에서**

　이렇게 인물의 이름을 붙이지 않는 것은 상실이며 그 상실은 정체성의 상실을 의미한다. 매잡이에서는 이름이라는 장치가 아니라 매잡이라는 가장 중요한 행위를 통해서 전통의 상실이 곧 정체성의 상실임이 아니냐는 질문을 던지고 있다.

　한국 현대 문학에서 상실은 지독한 결핍을 의미한다. 있어야 하는 것이고 있는 것이 당연하며 없어지는 것이 상처인 것들이다. 그 상처 중의 또 다른 큰 모티프는 고향의 상실을 들 수 있다. 추석이나 설이면 미어터지는 고속도로를 뚫고 고향을 향한다. 고향이 그저 지리적 의미만을 담고 있어서가 아니다. 그곳은 순수를 간직한 곳이며(정지용, 향수) 모두의 운명이었고 (문순태, 징소리) 사랑의 추억이며 (황석영, 삼포 가는 길) 다시 '나'를 찾을 수 있는 곳 (김승옥, 무진기행)이기 때문이다. 고향은 뿌리이다. 유교 문화권에서는 더 없이 중요한 가치를 지니는 곳이라 하겠다.

　그리고 우리 문학은 인간의 상실을 묻는다. 산업화 등으로 각박해진 사회로부터 인간의 소외를 물을 뿐 아니라(조세희, 난장이가 쏘아 올린 작은 공) 노동 계층과 (박노해, 노동의 새벽) 농민들의 (신경림, 농무) 고단한 하루하루에 닳아 없어지는 인간을 찾으려 한다.

　위의 의무론적 주제가 아니더라도 우리 문학은 인간을 찾으려

한다. 바로 실존으로서의 인간이다. 이범선은 인간이 인간일 수 없는 것을 오발탄이라 했고 손창섭은 잉여인간이라고 부른다. 인간의 존엄성이 상실 된 것에 대한 분노를 인류의 최후에 빗댄 장용학의 요한 시집 역시 그 역사의 마지막 장에서 인류를 그리워한다.

상실이 가져 온 상처는 결국 자기 부정의 나락 속에서 정체성과 뿌리를 거쳐 사회 속의 인간 나아가서는 존재론적 인간을 상실하는 결과를 초래하고 우리 문학 속에서 그 역사의 아픔을 고스란히 담아내었던 것이다. 상실과 상처가 하나의 문화가 되어버린 것이다. 즉 전통 문화의 상실이 상실의 문화를 만들어 낸 문학의 역사였다고 해야 할 것이다.

나는 부끄럽기 짝이 없었네. 다른 길과 달리 간호장교이고 보니, 생활의 방편이 아님이 대뜸 짐작이 갔고, 더욱 나의 뒤통수를 때린 것은 검정 넥타이였네. 그러면 미이가 첫날 다방에서 '사명 운운'했던 것은 그 길을 말함인가? 나는 부끄럽기 짝이 없었네. 검정 넥타이를 들고 나는 비로소 삼년 동안 내가 정신적으로 타락의 길을 걷고 있었다는 것을 뼈 아프게 느꼈네. 미이가 말하는 사명을 찾는 길, 사명을 다하는 일을 나는 사변이라는 외적인 격동 때문에 포기하고 만 것일세. (중략) 이렇게 생각하자 나는 천야만야한 낭떠러지를 굴러 떨어지는 듯 했네. 구르면서 걷어잡으려고 한 것이 친구의 구원이었네.

제 3 인간형 안수길 1953 : IB 2012 SL Paper1 기출문제

시지푸스의 형벌은 가혹한 것이어서 산 정상까지 바위를 끊임없이 옮겨야 한다. 그 바위는 다시 굴러 떨어지고 시지푸스는 그 바위를 다시 굴러 올려야 한다. 도대체 그의 행위는 어떤 의미가 있는 것일까? 이 고통을 시지푸스는 왜 받아드려야 하는가? 우리 하루하루의 삶이 시지푸스보다 나은 것은 확실한 일일까? 늘 주어지는 임무들. 완수하면 또 다시 주어지는 삶의 관문들. 아무리 넘어도 그 길에 끝은 없다. 아니, 그 길의 끝에는 죽음만이 입을 벌리고 있다. 이 고통의 인생을 왜 살아야 하는 것일까?

과연 살아야 하는 것인지는 잘 모르겠다. 그러나 살면서 피해야 할 인생의 모습은 있다. 현대 문학의 대표적인 화두는 삶 속의 죽음(Death in life)인데 동양에서는 생불여사 (生不如死), 즉 살아도 죽은 것만 못하다는 표현을 써왔다. 이 생불여사의 삶은 피해야 한다. 과연 삶 속의 죽음 은 무엇일까? 자유의지를 가지고 살아가지 못하는 억압과 구속의 삶이다. 세상의 환경이 나의 삶을 나답게 살지 못하도록 하는 것이기도 하다.

> 운전사가 힐끔 조수 애를 쳐다보았다.
> "그런가 봐요."
> "어쩌다 오발탄같은 소년이 걸렸어. 자기 갈 곳도 모르게."
> 운전사는 기어를 넣으며 중얼거렸다. 청호는 까무룩히 잠이 들어가는 것 같은 속에서 운전사가 중얼거리는 소리를 멀리 듣고 있었다. 그리고 마음 속으로 혼자 생각하는 것이었다.―아들 구실, 남편 구실, 애비 구실, 형구실, 오빠 구실, 또 계리사 사무실 서기구실, 해야 할 구실이 너무 많구나. 너무 많구나. 그래 난 네 말대로 아마도 조물주의 오발탄인지

한국문학 입문 **95**

> 도 모른다. 정말 갈 곳을 알 수가 없다. 그런데 지금 나는 어디건 가긴 가야 한다―.
> 철호는 점점 더 졸려왔다. 저런 것처럼 머리의 감각이 차츰 없어져 갔다.
> "가자."
> 철호는 또한번 귓가에 어머니의 소리를 들었다고 생각하며 푹 모로 쓰러지고 말았다.
>
> 이범선, 오발탄 중에서

주인공인 철호는 자신이 원하던 삶이 전쟁으로 황폐화 된다. 그래도 그 와중에 계리사 자리라도 있어 취직해서 사는 것이 다행이다. 그러나 자신의 소박한 꿈은 다 깨져버렸다. 그저 하루하루를 살아남아야 하는 것이 삶의 목적이요, 삶의 모든 것이다. 어디를 향한다는 의미도 없다. 왜 태어난 것인지도, 태어난 것이 더 나은 것인지도 그 어떤 의미도 찾을 수 없는 삶이 하루하루 지나간다. 그러면서 자신을 조물주의 오발탄이라고 이야기한다. 오발탄은 잘 못 나간 탄환이다. 잘 못 나간 탄환. 조물주의 실수라는 의미일까?

두 가지의 공부 거리가 생겼다. 우선 인간의 삶의 목적과 가치에 대한 것이다. 실존주의에서 인간은 기투적 존재이다. 즉, 그저 던져진 존재이다. 이전의 기독교적 가치관에 의하면 인간은 조물주의 뜻에 따라 그 뜻을 이루려고 세상에 태어 난 존재이고 그 뜻이 곧 운명이라고 할 수 있다. 이를 예정 조화설이라고 한다. 인간은 스스로 목표를 세우고 그 목표를 향해 매진하는 것으로 보이지만 그것은 하나님이 준비한 길이라는 것이다. 물론 잘 못 된

길로 갈 수 있다. 그 또한 하나님의 뜻이겠지만 그 경우에는 바른 길로 돌아와야 한다. 바른 길로 돌아 옴. 이것이 회개이다. 그때 자유의지는 매우 제한적이며 신의 뜻이 늘 우선한다. 그런데 20세기에 와서 이 예정 조화의 세상에 종말을 고하려는 선언이 탄생한다. 사르트르는 '존재는 본질에 선행한다.' 라는 단순한 명제를 세상에 던진다. 철학이라는 면에서 보자면 '나는 생각한다, 고로 존재한다.' 이후 최대의 명제이다. 존재란 있는 것을 의미하는데 본질이란 무엇일까? '책상'의 본질은 책을 읽기 위한 가구이다. 이때 본질은 '책을 읽기 위한' 이다. 종이의 본질은? 그 위에 무엇인가를 쓰기 위한 것이다. 즉 만들어진 목적성이 본질이라고 할 수 있다. 그렇다면 인간의 본질은 무엇인가? 기독교적 사상에서 인간의 본질은 하나님의 뜻이다. 그런데 사르트르는 그 본질보다 존재가 선행한다고 선언한다. 신의 뜻 보다 인간의 존재가 먼저라는 것이다, 인간은 무 목적적으로 태어났다. 인간은 그냥 던져진 존재(피투적 존재란 그냥 던져졌다는 의미로 하이데거의 개념)이며 삶의 목적은 스스로 만들어야 한다. 우리는 책상이나 콜라 혹은 핸드폰처럼 누군가가 자신의 목적을 위해 만든 존재가 아니라는 의미이니 이제 인간에게는 운명도 존재하지 않는다. 책상도ㅍ 콜라도 결국 만든 이, 즉 인간의 뜻에 따라 만들어졌고 그렇게 세상에 존재한다. 그리고 그 용도가 끝나면 버려지는 운명이다. 인간 역시 신의 피조물이라면 비슷한 운명일 것이다. 그러나 인간은 다르다고 선언한다. 인간의 운명은 스스로가 결정해야 한다는 것이다.

  이처럼 스스로의 운명을 결정지으려는 존재는 여타 존재와는 그 존재의 이유나 방법이 다르므로 존재 중의 진짜 존재라는 의미로 '실존' 이라고 명명하였다. 따라서 위의 명제는 정확히 이야기하면 '실존은 본질에 선행한다.' 이다.

　오발탄의 주인공 철호는 과연 실존의 삶을 산 것일까? 개인은 실존이 되기 위하여 (인간은 원래 자기 고유의 운명을 만들어가려고 한다.) 그를 둘러싸고 있는 사회와 갈등을 빚기도 하고 투쟁을 하기도 하지만 어쩔 수 없이 받아들이기도 한다. 카뮈의 걸작인 이방인의 주인공 뫼르소는 관념과 통념을 받아들이지 못하는 아웃사이더이다. 어쩌면 그를 둘러 싼 세계의 부조리한 모습을 알아버린 뫼르소가 자신만의 삶을 계획하기 위하여 모든 도덕과 관습을 자신에게서 지우려고 한 것은 아닐까? 그에게 인간은 기계와 달라야 했던 것은 아닐까? 철학에 실존이 본질에 선행한다는 명제가 우렁찼다면 오늘 "엄마가 죽었다." 로 시작되는 이방인의 첫 구절은 문학에서의 실존주의의 빅뱅을 알리는 우렁찬 명제였다.

　우리나라에서 실존주의적 문화가 자리 잡은 배경에는 인간이란 과연 무엇이며 본질이 실존에 선행한다면 인간의 본질은 과연 무엇인가 하는 회의적 질문에서 시작된다. 즉 신과 인간에 대한 회의감이 그 출발점인데 이 회의주의적 시각은 한국 전쟁과 무관하지 않다. 전쟁의 참상이 가져 온 황폐화는 국토만 휩쓸고 지나 간 것이 아니라 우리 국민 한 명 한 명의 내면까지 휩쓸고 지나갔다.

저 묘지 위에서 우는 사람은 누구입니까.
저 파괴된 건물에서 나오는 사람은 누구입니까.
검은 바다에서 연기처럼 꺼진 것은 무엇입니까.
인간의 내부에서 사멸된 것은 무엇입니까.
1년이 끝나고 그 다음에 시작되는 것은 무엇입니까.
전쟁이 빼앗아간 나의 친우는 어디서 만날 수 있습니까.
슬픔 대신에 나에게 죽음을 주시오.
인간을 대신하여 세상을 풍설로 뒤덮어 주시오.
건물과 창백한 묘지 있던 자리에
꽃이 피지 않도록.
하루의 1년의 전쟁의 처참한 추억은
검은 신이여
그것은 당신의 주제일 것입니다.

박인환, 검은 신이여

하나의 가정과 뒤틀림. 가정은 조물주가 있다는 것으로 화자가 말을 걸고 있는 대상이다. 그러나 뒤틀림이 있다. 5행과 6행의 '주시오'가 그것인데 말투가 건방지고 분노와 반항기가 다분하다. 분명히 불경스러운 말투이다. 1행부터 6행까지의 질문은 단순한 궁금함으로 보이지 않는다. 책임을 추궁하는 질문일 것이다. 신이 선한 신이라면 과연 묘지에서 눈물흘리고 건물이 파괴되며 검은 바다에서 연기처럼 생명과 희망과 기쁨 그리고 믿음이 사그러 들었을까? 화자의 눈에 신은 결코 선한 신이 아니며 절망과 어둠 그리고 혼돈의 검은 신이다. 그 처참한 기억을 잊어서는 아니 될 것

한국문학 입문

이다. 기억을 잊는다는 것은 한스럽게 떠난 사람들에 대한 예의가 아니며 또다시 비극은 되풀이 될 수 있기 때문이다. 그렇기에 건물과 창백한 묘지가 있던 자리에 꽃이 피어서는 안 된다. 묘지와 파괴된 건물 그리고 그 건물에서 가족도 동료도 주검으로 뒤로 둔 채 자신만이 살아서 나오게 된 상처와 고통스러운 기억에 평생 아파하며 살아야 할 어떤 이 (2행과 6행)의 처참함을 생각한다면 그 곳에 마치 상처가 아물었다는 듯 아무 일도 없었다는 듯 꽃이 피는 것은 용납할 수 없을 것이다.

과연 신이 존재하고 인간에게 본질을 부여한다면 참혹한 전쟁을 일으키는 본질도 신이 준 것이며 역사를 파괴하고 행복을 짓밟는 것도 신이 준 본질이라고 해야 할까? 만약 그렇다면 그 신은 선한 신이 아니라 악한 신일 것이다. 따라서 화자의 고민은 깊어간다. 인간에게 선한 '본질'을 부여하는 신의 존재는 더 이상 기대할 수 없다. 화자의 눈에 신은 인간에게 비극을 안겨줬다. 이제 신이 그 빚을 갚아야 하며 빚이 청산되는 순간부터 인간은 스스로의 운명을 스스로 만들어 갈 것이다. 실존이 본질에 선행하는 순간이며 피투적 존재가 기투적 조재가 되는 순간이다.

5) 풀뿌리의 문화

> 1) 千천年년 老노龍룡이 구배구배 서려 이셔,
> (천년 묶은 늙은 용이 구비구비 서려있어)
> 晝듀夜야의 흘녀 내여 滄창海해예 니어시니,
> (밤낮으로 (물이) 흘러내려 푸른 바다로 이어지니)

> 風풍雲운을 언제 어더 三삼日일雨우랄 디련난다.
> (바람과 구름을 언제 얻어 사흘 간 내리는 비를 드렸는가)
> 陰음崖애예 이온 플을 다 살와 내여사라.
> (그늘 진 언덕의 시든 풀을 다 살려내겠구나)
>
> 정철, 관동별곡 중에서

> 2) 풀이 눕는다
> 비를 몰아오는 동풍에 나부껴
> 풀은 눕고 드디어 울었다
> 날이 흐러시 더 울다가
> 다시 누웠다
>
> 풀이 눕는다
> 바람보다도 더 빨리 눕는다
> 바람보다도 더 빨리 울고
> 바람보다 먼저 일어난다 (생략)
>
> 김수영, 풀

그늘 진 언덕의 시든 풀. 비도 태양 빛도 받지 못한 풀은 시들 수밖에 없다. 아래 김수영의 시에서 풀은 날이 흐려지면 울고 바람이 불면 눕지만 바람보다 먼저 일어나는 풀이다. 앞의 풀은 자생력이 보이지 않는다. 비가 오든 햇빛에 비추이든 나약하고 의타적인 모습이다. 정철의 관동별곡에 일관되게 나타나는 은유는 태양 빛과 하늘의 뜻은 모두 임금의 은혜와 관계된다. 풀이 잘 살고 못 살고는 곧 임금에게 은혜를 받을 수 있는가에 의하여 결정된다. 물론 이런 풀의 모습은 민중을 나타낸다. 그 시대의 민중이 과연 그늘진 언덕의 풀처럼 생명력이나 자생력이 없었는지는 알 수 없지만 통치권자들의 시각은 그들이 자생력이 없는 것으로 여기고 있었음은 알 수 있다. 물론 후일 탈춤 등 민중들의 문학을 살펴보면 그것은 그저 관료들의 고정관념인 것을 알 수 있다.

말뚝이:(벙거지를 쓰고 채찍을 들었다. 굿거리 장단에 맞추어 양반 삼 형제를 인도하여 등장)

양반 삼 형제:[말뚝이 뒤를 따라 굿거리 장단에 맞추어 점잔을 피우나, 어색하게 춤을 추며 등장. 양반 3형제 맏이는 샌님[生員], 둘째는 서방님[書房], 끝은 도련님[道令]이다. 샌님과 서방님은 흰 창옷에 관을 썼다. 도련님은 남색 쾌자에 복건을 썼다. 샌님과 서방님은 언청이이며(샌님은 언청이 두 줄, 서방님은 한 줄이다.), 부채와 장죽을 가지고 있고, 도련님은 입이 삐뚤어졌고, 부채만 가졌다. 도련님은 일절 대사는 없으며, 형들과 동작을 같이하면서 형들의 면상을 부채로 때리며 방정맞게 군다.]

말뚝이:(가운데쯤에 나와서) 쉬이. (음악과 춤 멈춘다.) 양반 나오신다아! 양반이라고 하니까 노론(老論), 소론(少論), 호조(戶曹), 병조(兵曹), 옥당(玉堂)을 다 지내고 삼 정승(三政丞), 육 판서(六判書)를 다 지낸 퇴로 재상(退老宰相)으로 계신 양반인 줄 아지 마시오. 개잘량이라는 양자에 개다리 소반이라는 반자 쓰는 양반이 나오신단 말이오.

양반들:야아, 이놈, 뭐야아!

봉산탈춤 6과장 중에서

말뚝이는 서민의 눈과 입을 대신하는 이야기꾼이다. 그가 민중에게 보여주는 양반은 언청이에 입이 돌아간 우스꽝스러운 모습이며 양반이 개잘량의 '양'자에 개다리소반의 '반'자를 쓴다고 양반을 조롱한다. 양반이 민중에 대해서 가지고 있는 시각이 실제 민중이 가지고 있던 시각과는 상반됨을 알 수 있다. 이들의 모습은 오히려 바람보다 먼저 눕고 바람보다 먼저 일어나는 모습을 가지고 있었다고 하겠다. 근대 이전이라 하더라도 민중은 이미 자생력과 세상의 풍파를 능히 이겨나가는 나름의 삶의 방식을 체득한 집단이다.

> 님은 갔습니다.
> 아아, 사랑하는 나의 님은 갔습니다
> 푸른 산빛을 깨치고 단풍나무 숲을 향하여 난
> 작은 길을 걸어서 차마 떨치고 갔습니다
> (중략)
> 그러나 이별을 쓸데없는 눈물의 원천을 만들고 마는 것은
> 스스로 사랑을 깨치는 것인 줄 아는 까닭에
> 걷잡을 수 없는 슬픔의 힘을 옮겨서
> 새 희망의 정수박이에 들어부었습니다
> 우리는 만날 때에 떠날 것을 염려하는 것과 같이
> 떠날 때에 다시 만날 것을 믿습니다
> 아아, 님은 갔지마는 나는 님을 보내지 아니하였습니다.
> 제 곡조를 못 이기는 사랑의 노래는
> 님의 침묵을 휩싸고 돕니다
>
> **한용운, 님의 침묵**

님의 침묵에서 '님' 은 누구 혹은 무엇인가라는 고전적 질문을 해보자. 답을 먼저 말하자면 이 때 '님' 민중이다. 시인이 불자였으니 시인의 표현을 따르자면 곧 중생이다. 불교적 진리 혹은 광복 등의 진부한 해석은 이제 버리자. 버려야 하는 이유를 '님의 침묵'의 원저자인 한용운은 다음과 같이 설명하고 있다.

> 4) '님'만 님이 아니라 긔룬 것은 다 님이다. 중생(衆生)이 석가(釋迦)의 님이라면 철학(哲學)은 칸트의 님이다. 장미화(薔薇花)의 님이 봄비라면 마시니의 님은 이태리(伊太利)다. 님은 내가 사랑할뿐아니라 나를 사랑하느니라.
>
> 연애(戀愛)가 자유(自由)라면 님도 自由일 것이다. 그러나 너희들은 이름조은 自由에 알뜰한 구속(拘束)을 밧지안너냐. 너에게도 님이 잇너냐. 잇다면 님이 아니라 너의 그림자니라. 나는 해저문 벌판에서 도러가는 길을 일코 헤매는 어린 양(羊)이 긔루어서 이 시(詩)를 쓴다.
>
> **한용운, 군말, 시집 '님의 침묵' 서문**

시집 '님의 침묵'에 서언으로 시인 스스로는 이 서언을 '군말'이라고 이름 붙이고 있다. '긔룬 것' 즉 사랑하는 것은 다 님인데 마지막 문장에서 '어린 양이 긔루어서' 이 시를 쓴다고 밝히고 있다. 어린 양이란 시인이 돌봐야 하고 이끌어야 하는 존재일 것이다. 석가의 님은 중생이었으니 시인의 님은 중생 중에서도 당시 한국의 중생이었을 것이다. 즉 세상 사람이 모두 중생인데 그중 시인의 긔룬 것은 시인이 감당할 수 있는 어린 양이라 불릴 중생 곧 한국의 민중이라고 보아야 한다.

이들 민중의 태도는 어떠한가? 한용운은 삼일 독립 운동 (실은 혁명이란 단어가 적절하다.) 당시 민족 대표 33인의 한 명으로 독립 선언서를 낭독하도록 되어 있었다. 그날 시인은 일제에 항거하며 진리를 향한 민중을 보았다. 그들은 일어서는 풀의 모습이었다. 용감하고 정의로웠으며 그 투쟁은 승리를 쟁취할 때 까지 끝나지 않을 들 불도 같았다. 그러나 일본의 진압은 참혹했고 그 후유증은 크기만 했다. 그 노도와 같이 분노하던 민중의 모습은 신기루처럼 사라졌다. 독립운동이라는 죄명으로 옥고를 치루고 나온 한용운의 눈에 민중은 언제 그런 일이 있었냐는 듯 평상의 모습으로 돌아 가 있는 모습이었을 것이다. 시인과 민중의 이별의 모습이고 민중은 등을 돌린 침묵의 숲으로 떠나간 애인이었다. 시인은 그 민중들의 모습에 좌절하였고 그들이 다시 진리와 자유를 향해 분연히 일어 날 것이라는 기대를 희망으로 가져본다. 그 희망은 걷잡을 수 없는 슬픔의 힘이고 정수리에 들이 붙는 희망의 힘이며 결코 떠나 보내지 않는 내 마음의 힘인 것이었다. 풀은 먼저 눕는다. 그러나 먼저 일어난다.

> 나는 나룻배 당신은 행인(行人)
> 당신은 흙발로 나를 짓밟습니다.
> 나는 당신을 안고 물을 건너갑니다.
> (중략)
> 당신은 물만 건너면 나를 돌아보지도 않고 가십니다 그려.
> 그러나 당신이 언제든지 오실 줄만은 알아요.
> 나는 당신을 기다리면서 날마다 날마다 낡아 갑니다.
> 나는 나룻배 당신은 행인
>
> **한용운, 나룻배와 행인**

시인의 기다림은 낡아가는 나룻배로 대신 된다. 민중의 포효를 기다리는 시인에게 민중은 돌아보지도 않고 떠난다. 그러나 시인은 기다림을 포기하지 않는다. 사랑은 기다림이거나 엇갈림이다. '부처가 되랴거든 중생을 여의지 마라'(성불과 왕생, 회광 창간호 1928)라던 한용운 시인. 민중에 대한 사랑은 기다림이다. 그러나 광복을 보지 못하고 입적한 시인에게 민중에 대한 사랑은 엇갈림이었을 것이다. 끝내 민중의 일어섬을 보지 못하고 눈을 감은 시인에게는.

신 새벽 뒷골목에
네 이름을 쓴다 민주주의여
내 머리는 너를 잊은 지 오래
내 발길은 너를 잊은 지 너무도 너무도 오래
오직 한 가닥 있어
타는 가슴 속 목마름의 기억이
네 이름을 남 몰래 쓴다 민주주의여
아직 동 트지 않은 뒷골목의 어딘가
발자욱 소리 호르락 소리 문 두드리는 소리
외마디 길고 긴 누군가의 비명 소리
신음 소리 통곡 소리 탄식 소리
그 속에 내 가슴팍 속에
깊이깊이 새겨지는 내 이름 위에
네 이름의 외로운 눈부심 위에
살아 오는 삶의 아픔
살아 오는 저 푸르른 자유의 추억

> 되살아 오는 끌려가던 벗들의 피 묻은 얼굴
> 떨리는 손 떨리는 가슴
> 떨리는 치 떨리는 노여움으로 나무판자에
> 백묵으로 서툰 솜씨로 쓴다.
> 숨죽여 흐느끼며
> 네 이름을 남 몰래 쓴다.
> 타는 목마름으로
> 타는 목마름으로
> 민주주의여 만세
>
> 김지하, 타는 목마름으로

    민중이 떨치고 일어나 역사라는 수레바퀴의 주인이 되어야 하는 역사는 일제 강점기로 끝나지 않았다. 이후에는 독재라는 또 다른 괴물과 맞서 싸워야 했다. 삼십 년에 걸친 이 지루한 싸움에도 민중의 거대한 힘을 기다리는 이들이 있었다. 타는 목마름으로 신 새벽에 민주주의라는 이름을 쓰는 시인이 있었다. 이 시는 실은 표절의 냄새가 난다. 그러나 섣불리 표절이라고 보기보다는 하나의 영감을 다른 작품에서 얻어 더 큰 시를 쓴 것으로 해석하는 것이 타당할 것 같다. 아래의 시가 그 영감을 준 폴 엘뤼아르의 '자유'이다. 어쩌면 김지하의 타는 목마름으로는 엘뤼아르의 시에 대한 답시일 수도 있다.

나의 학습 노트 위에
나의 책상과 나무 위에
모래 위에 눈 위에
나는 너의 이름을 쓴다

내가 읽은 모든 책장 위에
모든 백지 위에
돌과 피와 종이와 재 위에
나는 너의 이름을 쓴다

황금빛 조상 위에
병사들의 총칼 위에
제왕들의 왕관 위에
나는 너의 이름을 쓴다
(생략)

엘뤼아르, 자유

    엘뤼아르는 프랑스의 영웅이다. 반 나치 운동의 선구자였으며 초현실주의 문학운동의 선구자이기도 했다. 그는 자유에 대하여 헌사를 남긴다. 그 헌사는 노트와 책상과 조상과 병사의 총칼과 제왕들의 왕관 위에 쓰여 진다. 그러나 그에 대한 답가인 김지하의 민주주의에 부치는 헌사는 더할 나위 없이 비장하다. 신음 소리와 탄식 소리 그리고 통곡의 소리 (11행) 속에서 치를 떨며 분노(19행)에 오열하며(22행) 써나가는 곡조이다. 엘뤼아르 시의 민중은 어딘지 호사스럽다. 그러나 김지하 시인의 시 속에 투영되는 민중은 시인을 외롭게 만들며(14행) 긴 어둠 속에서 외마디 비명(10행)을 내지르는 강하지 않은 바람에 흐느끼는 풀과도 같다. 그러나 시인은 아직 동트지 않은 새벽(1행, 8행)이라고 그 시대를 정의한다. 이제 아침이 되면 떠오르는 태양은 더 이상 임금의 은혜가 아니다. 바람 속에서 기다림으로 있던 민중의 일어섬이다.

 우리 민중은 풀과 같았다. 엘뤼아르의 시에 나타난 자유는 황금빛 장미를 닮았다면 우리 문학 속의 민중은 악착같은 인내를 가진 풀과도 같았다. 때로는 이 인내가 비겁함으로 보이기도 했고 무지로 보이기도 했을 것이다. 그러나 말뚝이(봉산탈춤)이래로 우리 민중은 그저 당할 만큼 무제한 적은 없었다. 누구보다도 잘 인내하고 누구보다도 역사의 물줄기를 잘 알고 있었다. 그리고 때가 되자 도도히 흐르던 권력과 역사의 물줌기를 바꿨고 그들은 일어섰다. 풀뿌리 사상은 역사 속에서 우리 고유의 문화가 되었다. 기다림과 인내 그리고 분연히 일어서는 풀의 힘. 역사는 흘러야 할 방향으로 흘렀고 우리 문학은 이 문화를 고스란히 담아 후세에 전해주고 있다.

2-2 한국 사회와 문학

1) 국권 상실기의 문학 (1905년 - 1948년)

　20세기가 밝아 왔다. 세상은 위의 지도 가장자리에 붙은 범례에 표시된 영국 프랑스 등 약 12개 나라에 의하여 지배되었다. 현대적으로 말하자면 G-12의 국가들이 비정상 회담을 통해서 세상을 나눠 가진 셈이다.

　이 국가들은 식민 지배의 정당성을 '문명화'라는 단어에서 찾았다. G-12의 국가들이 다른 지역을 식민지화 하는 과정은 폭력과 불평등 조약 등 한 없이 비문명적이었다. 그러나 그들은 피 식민지를 문명화한다는 미명하에 침략을 거듭한다. 영국과 프랑스는 아프리카 대륙과 라틴 아메리카에서 치열하게 자신들의 영토를 늘려가며 아시아까지를 넘보게 된다. 포르투칼은 해상을 지배하기 시작하였고 서로 유럽 내의 약소국에 대한 쟁탈전도 이어간다. 약육강식의 광기 어린 시대였다. 물론 G-12가 원한 것은 식량, 에너지, 광물 자원 그리고 값 싼 인력을 안정적으로 공급받음으로써 자국의 경제적 기반을 든든히 하려는 것이었다. 수탈과 착취가 온 지구를 물들였다.

　일본은 섬나라로서 늘 성장의 한계에 부딪혀 있는 나라였다. 대륙과 연결이 되지 않는 한계였고 끊임없이 땅에 대한 콤플렉스를 가지고 있었다. 바닷길이 열려있어 서구의 기계문명을 일찍 받아들였지만 배에 의한 교역에는 늘 한계를 느낄 수밖에 없었다. 따라서 대륙으로 통하는 한반도는 그들에게는 늘 군침 도는 땅이었다. 1905년의 불평등 조약과 함께 대한제국의 주권을 수탈하는데 성공한 일본은 애초의 목적지가 한국이 아니었으므로 만주를 지나 중국을 향해 그 힘을 뻗어 간다. 그리고 중국에 대한 지배권을 확인함과 동시에 말레이시아 등 동남아시아를 향해 진격한다.

일본이 한국과 중국을 무력으로 점령하는 데는 성공하였으며 이는 인력, 식량, 에너지원 등을 착취하는 것에도 성공하였음을 의미하였다. 그러나 유럽의 아프리카, 인도 통치나 라틴 아메리카에 대한 전형적인 식민 통치와는 확연한 차이를 보인다.

한, 중, 일 삼국의 관계는 어제도 그 전에도 오늘도 참으로 미묘하다. 너무나도 오랜 동안 역사적으로 엮여 있고 그 역사 속에서 서로에 대한 평가도 상당히 결정되어 있었으므로 어느 한 나라가 갑자기 강대해 졌다고 그 지배권을 인정받기는 힘들다. 즉 땅 만을 지배하는 것이지 정신적인 지배는 불가능하며 그 정당성은 결코 인정되지 않았다. 명분 없는 지배일 뿐이고 정당성이 없는 지배는 늘 격렬한 저항에 직면하게 된다. 한국인에게 일본은 우리에게 글자와 농사짓는 법을 배워 간 나라이자 그 후로도 유교 등 학문을 꾸준히 배워 간 나라이고 이상한 복장으로 우리의 해안을 교란하려 하였던 해적들의 무리일 뿐이다. 중국에게 일본은 그보다도 더 형편없이 느껴지는 해양 교역국이었다. 마카오는 17세기부터 은과 비단과 향신료가 서양으로 수출되던 중국의 관문이었다. 왜구의 해적 활동은 마카오 주변까지 뻗어져 있었고 포르투칼의 군함이 이를 강력히 저지하였었다. 중국으로서는 주요 항로를 침범하는 해적 무리였다. 국가 대 국가로 협상을 하려해도 그 중앙 정부가 없었고, 있다 하더라도 그 힘이 미약하여 조약이 실효성이 없었다. 그런 일본이 어느 날 갑자기 본인들이 문명국이라며 한국과 중국을 미개한 나라여서 문명화 시키겠다고 했으니 그 말을 인정할 한국인은 아무도 없을 수밖에 없었다.

> Q. 여기서 무얼 하나. 왜 딱한 모습으로 나타나 모임의 평온을 깨뜨리나.
> A. 법과 정의 그리고 평화의 신을 이곳에서 만날 수 있으리라 기대하며 먼 나라에서 왔다.
> Q. 무슨 말을 하고 싶나.
> A. 우리는 이 조약(을사 늑약)이 국제법상 유효한 것인지에 대한 판단을 요청하고자 한다. 일본은 우리를 식민 상태로 몰아넣고서 우리의 독립을 존중한다고 한다.
> Q. 하지만 여기서 무엇을 할 수 있겠나.
> A. 그렇다면 이 세상에 정의란 없다는 얘기인가, 여기 헤이그에서조차도….
>
> **이위종의 외신 기자 인터뷰 중에서 1907년 헤이그 만국 평화 회담**

1907년 네덜란드의 헤이그에서 만국 평화회의가 열린다. 외교권을 강탈당한 한국은 당연히 참여의 자격이 없었다. 그러나 이위종 이준 등의 파견단은 회의장을 뚫고 들어가 결국은 그곳에서 연설을 하게 된다. 이위종은 당시 7개 국어를 능수능란하게 구사하는 어학의 천재였다. 그는 이미 일인불법행위라는 소책자를 불어로 번역하여 독일에서 인쇄한 후 40개국의 대표에게 회의 직전 배포하였다. 당시 참석한 국가 중 몇몇 국가의 대표는 이위종의 연설에 감동하여 당장 돈을 모아 한국을 돕자는 뜻을 피력하기도 하였다. 당연히 이위종의 연설은 세계 언론으로부터 조명을 받게 되었고 옆의 사진에서 보듯 평화회의 관보 1면을 장식하며 일말의 희망을 발견하는 듯 했다.

사실 당시의 논리 중 비 문명국을 문명화 시켜야 한다는 논리는 현대적 관점에서 보면 말이 안 되지만 당시에는 상당한 설득력을 가지고 있었다. 교육제도나 의료 등의 혜택을 전혀 받지 못하는 비참한 삶의 현장이 세계 도처에 깔려있었다. 한국의 주장은 한국은 그 나라들과는 다르니 알아서 스스로 발전할 수 있고 일본의 논리는 거짓이라는 것이었다. 한국은 이미 근대적인 의료 체계와 전통 의학이 있었고 수백 년 넘게 지속된 교육의 전통이 있는 문명국가였다. 뿐만 아니라 19세기로 접어 들 무렵 한국의 국가총생산량 (GNP)은 정조의 농업혁명 성공으로 세계 16위를 기록할 정도로 안정적인 국력을 가지고 있었다. 다만 군사력에 대한 세계적 추이에 둔 하였고 교류보다는 은둔을 택했다. 정보에 둔한 나라가 되어버렸다. 지금은 IT 강국이 되어 온갖 정보에 빠른 국가가 되었지만 그 때는 이런 마인드가 없었다. 결국 한국이 취할 수 있는 논리는 '한국은 문명국이니 식민통치가 필요 없는데 일본은 거짓말을 하고 있다.'는 것이었다. 그러나 세계의 열강들은 이미 일본이 아시아의 강대국임을 인정하고 있었고 서로 간의 조약으로 이익에 대한 배분을 마친 상태였다. 그런 비정한 국제 사회에서 한국 문명 국가론이 통할 리가 있었을까? 이 논리는 12년 후 기미 독립 선언문에서도 다시 되풀이된다. 지금 보자면 답답할 일이다.

그러나 민간에서의 투쟁은 위에서 살핀 철학적 논리나 명분론과는 다른 것이었다. 원래 한국의 관료들은 명분 우선적 사고를, 민중은 실천적 논리를 가지고 있었다. 우리는 삼일 혁명이라는 기미독립혁명을 기억하고 있으나 이는 명분을 따르는 평화 시위였다. 이에 반대하는 무장 혁명 론의 무오 혁명이 기미년 이전에 이미 논의 되었었다. 따라서 민간은 궐기하였고 일본의 지도부를

'심판'하였다.

　일본에 대한 끔찍할 정도의 끈질긴 저항 운동은 40년간 지속되었고 기네스 북에 올라 갈 만큼의 지독한 저항 운동의 연속이었다. 이렇듯 독립을 향한 저항이 세대가 바뀌면서도 계속될 수 있었던 이유는 한국민이 일본인을 도저히 통치자로 인정할 수 없었기 때문이라고 하겠다.

> 지금은 남의 땅 - 빼앗긴 들에도 봄은 오는가?
> 나는 온 몸에 햇살을 받고
> 푸른 하늘 푸른 들이 맞붙은 곳으로
> 가르마 같은 논길을 따라 꿈속을 가듯 걸어만 간다.
> (중략)
> 짬도 모르고 끝도 없이 닫는 내 혼아
> 무엇을 찾느냐 어디로 가느냐, 웃어웁다, 답을 하려무나.
> 나는 온 몸에 풋내를 띠고
> 푸른 웃음 푸른 설움이 어우러진 사이로
> 다리를 절며 하루를 걷는다. 아마도 봄 신령이 지폈나 보다.
> 그러나 지금은 들을 빼앗겨 봄조차 빼앗기겠네.
>
> **이상화, 빼앗긴 들에도 봄은 오는가 - 개벽 1926**

　이미 나라를 잃은 지 21년이 지난 해에 쓰진 시인데 마치 엊그제 나라를 잃은 듯 감각이 새롭다. 들을 빼앗겼지만 봄은 빼앗기지 않으려는 서정적 자아의 걱정이 시에 흐르는 것은 사실이지만 서정적 자아는 이미 봄을 온 몸에 두르고 있다. '나는 온 몸에 풋내를 띠고 푸른 설움'사이로 다리를 절며 걷는다. 봄 신령이 내린 까닭이라고 서정적 자아는 고백한다. 푸른색은 당연히 봄의 색이다. 새 싹이 돋아나고 새 순이 눈을 뜬다. 희망의 계절이자 희망이 현실이 될 것 같은 시간이다. 이 시간을 빼앗을 자는 없다. 즉 들을 빼앗겼지만 봄은 빼앗길 리 없다는 메시지이다. 이미 나라를 잃은 지 21년. 그러나 절망은 없다. 그리고 희망은 너무도 당연한 것으로 받아드린다. 프랑스의 위대한 레지스탕스 운동은 3년이었다. 그 기간의 7배가 지났지만 한국인은 희망을 당연한 것으로 인지하고 있었다.

> 궂은 비 줄줄이 내리는 황혼의 거리를
> 우리들은 동지의 관을 메고 나간다.
> 수의(壽衣)도 명정(銘旌)도 세우지 못하고
> 수의조차 못 입힌 시체를 어깨에 얹고
> 엊그제 떠메어 내오던 옥문(獄門)을 지나
> 철벅철벅 말없이 무악재를 넘는다.
> (중략)
> 동지들은 여전히 입술을 깨물고
> 고개를 숙인 채 저벅저벅 걸어간다.
> 친척도 애인도 따르는 이 없어도
> 저승길까지 지긋지긋 미행이 붙어서
> 조가(弔歌)도 부르지 못하는 산송장들은
> 관을 메고 철벅철벅 무악재를 넘는다.
>
> 심 훈, 만가(輓歌) 1927년, 유고집 그날이 오면 (1949)

시인은 지옥 문을 지나 철벅철벅 걸어가는 독립군의 모습에서 산송장을 발견한다. 어차피 죽을 목숨들이다. 이미 옥문(지옥 문을 의미한다.)을 지난 존재는 죽은 이들이다. 이들은 살아서 이미 지옥을 맛봤다. 아니, 살아있다는 것이 곧 지옥이다. 치욕의 세계에서 살아야 하는 것이 지옥이고 동료를 잃어야 했던 그 전장이 지옥이다. 그 지옥 문을 지난 자들이니 모두가 죽은 이들이다. 어깨에 멘 시체들은 그 길을 조금 앞서 갔을 뿐이다. 앞으로의 투쟁에서 이미 지옥 문을 지난 심훈의 군대는 두려울 것이 없다. 인간은 목숨을 잃는 것을 가장 두려워하는데 이미 내놓은 목숨이고 덤으로 숨 좀 붙어 있는 몸뚱이니 무엇이 두려우랴. 지치고 슬프고 분한 걸음걸이일 것이다. '고개를 숙인 채' 걸어가기에 그네들의 얼굴은 잘 보이지 않을 것이지만 그네들의 불이 붙은 눈빛이 느껴지는 시이다. 후일 심훈은 무력적인 투쟁에만 답이 있는 것이 아님을 깨닫고 계몽운동에도 큰 업적을 남기는데 민족 정신으로서의 한글을 온 국민에게 가르치기 위한 문맹퇴치 운동(프랑스에서는 빛을 나타내는 클라르테 운동이라 하고 러시아 말로는 민중 속으로 라는 뜻의 브나로드 운동이라 불리던 세계적인 문맹 퇴치 운동과 그 궤를 같이 하던 계몽운동)의 중심에서 상록수라는 작품을 남긴다.

    1920년대 말부터는 1917년 러시아 혁명의 성공과 1918년 레닌의 약소국가에 대한 지원 독트린 등에 고무된 한국의 많은 지식인은 사회주의 노선을 선택하게 된다. 산업화 시대의 노동자를 비롯한 억압 받는 이들에게 사회주의의 이론은 더 없이 희망적인 것이었다.

    그러나 정작 문제는 당시 한국은 산업화 국가가 아직 아니었기에 그리 노동자가 많지 않았다. 따라서 계급투쟁의 의미가 애매했다. 일본 역시 상황이 크게 다르지 않았다. 전쟁 중의 일본은 주로 군수산업에 산업이 몰려 있었고 이들에게 계급투쟁이라는 개념은 전달될 수가 없었다. 따라서 일단 계급투쟁론은 지식인들의 지적 유희로 흐르고 있었다. 당시 모든 공산주의 단체는 모스크바에서 시작이 되어 각 국가에 지부를 두는 형식이었다. 따라서 중앙에는 러시아(Russia) 프롤레타리아 작가 연맹인 RAPF가 있었고 일본(Nipon)에는 RAPF산하 기관인 NAPF가 있었으며 그 산하 기관으로 한국(Korea)에 KAPF가 창설되었다. 그러나 일본 및 한국의 계급투쟁이 그리 격렬한 모습은 아니었다. 한국의 사회주의 문학가였던 이두용은 이 현상에 상당한 관심을 가지고 연구를 시작한다. 당시 농부는 프롤레타리아 계급, 즉 피 억압 계층에 속하지 않는 것으로 보았다. 나름 생산 방법을 가지고 스스로 생산하는 계급이기에 착취가 성립하지 않는다는 것이었다. 그러나 당시 소작농민은 가장 착취를 많이 당하는 계급이었다. 이는 일본 중국도 예외는 아니었다. 이두용은 동아시아의 가장 심각한 착취는 농촌에서 일어나고 있다는 현상 조사를 통하여 농민문학론을 개진한다. 이 농민 문학론은 농민을 착취당하는 계급으로 새롭게 분류하여 그들의 삶의 모순을 고발하고 그들에게 힘을 줄 수 있는 문학 창작 방법론에 대한 연구였다. 이 논문은 그 해의 KAPF 논문으로 인정되어 NAPF에 보고가 되었고 NAPF에서도 그 해의 안건으로 채택되어 RAPF 세계 대회에까지 보고된다. 물론 RAPF에서도 채택이 되어 새로운 강령이 되기도 했다. 당시 세계의 변방에서 공산주의 논리를 보완하는 논문이 나왔다는 것은 실로 놀라운 일이었다. 한국이 비 문명 국가여서 식민 통치가 가능하다던 일본의 논리에 정면으로 배치되는 지식인의 쾌거였다. 하지만 한국에서의 공산주의 운동은 지식인 운동의 성격을 벗어나지 못했고 대일 투쟁의 민족주의적 성격 역시 강해서 원래 적인 마르크스의 이론이 정착한 것이라고 보기는 어려웠다. 따라서 당시 작가들의 글 역시 사회주의적 성격을 띠었다고 할 수 있으나 이는 억압에 대한 투쟁으로 보아야 할 지 진정한 사회주의 문학으로 보아야 할 지 혹은 단순한 모방으로 보아야 할지는 여전한 논쟁거리이다.

사회주의 문학의 (혹은 예술의) 가장 큰 특징은 문학이 혁명의 도구여야 한다는 것이다. 따라서 개인의 창작 능력은 자유롭게 발휘될 수 있는 것이 아니었다. 그들의 글은 잠자는 민중을 (한용운의 용어로는 중생을) 깨워서 투사가 될 수 있도록 하는 것이어야 한다. 따라서 중앙 공산당은 어떻게 글을 쓰면 가장 효과적으로 민중을 깨우는 이야기의 흐름을 가질 수 있는지를 연구하여 소위 창작 방법론이라는 것을 만들어 작가들에게 교육한다. 그런데 이런 창작 방법은 헐리웃에도 엄연히 존재한다. 영화 시나리오에서 몇 장면 만에 코믹이 나오고 주인공이 등장하며 액션이 나와야 관객이 가장 좋아하는지에 대한 상당히 정교한 공식이 존재한다. 자본주의의 창작방법이다. 아무튼 중앙 공산주의 정당에서 내려 보내는 강령, 즉 창작방법론은 당시에 사회주의든 아니든 작가들에게는 공부 거리였다. 1920년대 말부터 한국 작가들이 애용한 방법은 두 가지였는데 그 하나가 급작스러운 결말이다. 그리고 그 결말은 방화나 살인 등 인상 깊은 반전을 만들어야 한다는 것이었다. 그 영향으로 당시 한국 작품의 결말 구조는 방화 및 살인 (홍염, 물레방아, 감자 등)이 유행처럼 만연해 있다. 또 다른 방법은 소위 '있는 자들'을 부도덕하게 그리라는 것이었다.

'있는 자'와 '없는 자'의 단순 대결 구도를 만들고 '있는 자'들은 도덕적으로 타락한 자들이기에 마지막에 급작스러운 방화나 살인의 희생자가 되어도 읽는 이는 통쾌한 반전을 경험할 뿐이며 이 통쾌함의 경험이 독자들의 가슴에 쌓여 그들은 훌륭한 투사로 거듭나야 했다. 물론 조선실록에서 몇 줄 되지도 않는 임꺽정의 이야기에서 임꺽정이라는 영웅을 탄생시킨 홍명희의 소설 '임꺽정'과 같은 성과가 있기도 하였고 김남천의 대하 소설이 등장하는 성과를 보기도 하였지만 결말 구조나 인물 형성에서의 단순한 구조 변화가 '사람'을 투사로 바꾸기는 어려운 일이었고 민족의 공공의 적은 우선 일본이었으므로 이데올로기적 계급투쟁은 아직은 요원한 이야기였다고 할 것이다.

국권 상실기는 1945년 해방 후 미국군정이라는 3년을 더 기다려서야 해결되었다. 미군정은 미군이 한국의 정부가 들어 설 때까지 한국을 통치한 삼 년의 기간을 의미한다. 이 기간은 남북한으로의 국토 분열이 공식화 된 기간이기도 하며 공산주의와 자본주의가 가장 치열하게 접전을 벌이게 되는 말미를 제공한 기간이기도 하다. 나라를 찾은 것으로 기쁨에 젖어있던 한국 국민은 다시 삼 년을 기다려야 했다. 그런데 이때 한국이 체험한 것은 일제 강점기와는 다른 것이었다. 이제까지 경험하지 못한 풍요로움과 상대적 박탈감이었다. 일본의 지배에서는 느끼지 못한 열패감을 느껴야 했다. 우리는 일본의 통치 기간에 식민지라는 어휘를 사용하지 않는다. 일제 식민지라는 표현은 거부되어야 한다. 식민지는 단순한 통치 행태의 이름이라기 보다는 문명과 비 문명의 대비가 내포되어 있기 때문이다. 일본은 한국을 그저 강제로 점령했을 뿐이므로 이 시기의 정확한 명칭은 일제 강점기라고 할 것이다. 일제 강점기 중 한국인이 느낀 것은 스스로에 대한 처절한 반성과 일본에 대한 적개심이었다. 열등감이나 열패감의 징후는 잘 보이지 않는다. 그러나 미군정은 전혀 다른 차원의 사회적 충격으로 다가왔으며 이는 한국전쟁을 통해서 그 정도가 극에 달하게 된다. 어쩌면 이후의 한국 역사를 움직인 힘은 일제강점기에 대한 반성이나 반발보다 오히려 짧은 기간 미국에 대한 체험일 가능성이 더 크지 않을까 싶다.

2) 분단과 산업화 그리고 문학 (1948년 - 1987년)

인간의 기억 용량은 얼마나 될까? 1기가바이트의 백만 배 즉 페타 바이트를 넘는 것으로 추측된다. 즉 1000 테라바이트를 넘는 정도의 기억용량을 가지고 있다. 요즘 말로 '헐'소리가 날 일이다. 물론 그 큰 용량을 다 사용하지는 않지만 10% 만 쓴다고 해도 100 테라바이트라는 엄청난 양을 저장한 채 이 세상을 떠나는 것이 아닐까. 역사는 그 중 얼마를 기억하는 것일까. 그 구성원 개개인이 기억하는 용량이 100 테라바이트이며 이들의 기억들로 구성되는 것이 역사이니 어려서 배운 무량 태수를 동원해도 계산 불능이다. 그렇기에 역사는 그 많은 기억 중 극소량 만을 기억하는 치매 환자와도 같고 역사는 기억이 아닌 망각이라고 정의해도 무방하다. 그 극소량의 기억에 의존하여 시대를 다시 살펴보니 역사는 늘 해석의 문제로 남는다. 수학적으로 볼 때 극한 값에 가까운 기억의 양을 기준으로 추론을 해야 하는 셈이다. 역사가 사회 전체의 역사에 관심을 가질 때 문학은 개인의 기억에 관심을 가진다. 따라서 누가 더 정확할 지는 이야기하기 힘들다. (어차피 역사나 문학이나 단편적이며 정확성을 가지기는 애초에

틀렸기 때문이다.) 그러나 역사책보다는 문학 작품이 더 가깝게 감동으로 다가오며 공감을 일으켜 어느 한 시기를 '느끼도록' 해 줄 가능성은 더 높다. 산업화 시기의 한국 역사는 그 기억이 다채롭다. 천국과 지옥에 한 발씩을 걸친 역사이다. 누구에게 인가는 천사가 다른 이에게는 악마다. 누구에게 인가 풍요와 행복은 다른 이들의 불행과 빈곤을 강요했다. 당시의 최선의 선택이 시간이 지난 후에 보니 최악의 선택이 된 것도 있고 당시의 최선의 선택이 과연 최선인 것들도 있다. 난마처럼 헝클어진 시간의 타래 속에 빛 바랜 사진들이 조각 져 있다. 이제 그 시간의 난마를 풀어보자.

산업화 시기의 한국은 '전쟁'과 '가난'이라는 두 가지의 상처에 이미 심신이 만신창이가 되어 있었다. 한구이 전쟁은 세계사 적으로 보자면 경제적 사상의 차이(현대 사회의 이데올로기인 자본주의와 공산주의는 경제 관념의 차이일 뿐이다.)로 일어 난 세계 최초의 전쟁이며 유전학적으로는 포유류를 통틀어 DNA가 가장 흡사한 두 종 간의 전쟁이었다. 뿐만 아니라 군인보다 민간인이 더 많이 죽은 '학살'의 전쟁이었다. 위의 세 가지 특징은 모두 6.25 라고 불리는 전쟁이 얼마나 부조리한 전쟁이었는지에 대한 단초를 제공한다.

한국 전쟁은 대한민국과 북한과의 전쟁이었으며 세계 열강들의 각축장이 되었던 전쟁이다. 그런데 그 이유가 '경제 사상의 차이'이다. 민주주의는 자본주의에서도 할 수 있고 공산주의에서도 할 수 있으며(프랑스의 19세기 라마르크 통치) 심지어는 왕권통치하에서도 (영국을 보라.) 할 수 있다. 따라서 민주주의의 반대말은 독재라고 봐야 한다. 대한민국 역시 독재라는 단어에서는 자유롭지 못하다. 이후 이승만의 문민독재, 박정희-전두환으로 이

어지는 군사독재 등 기나 긴 인권유린의 어두운 역사가 이어지기 때문이다. 따라서 대한민국 과 북한의 전쟁은 자본주의와 공산주의 간의 경제적인 체제 경쟁이 가져 온 비극이었다. 경제 사상의 차이는 경제적 이익의 차이와는 분명히 다른 문제이다. 사상의 차이를 해결하는 방법으로 폭력은 바람직한 해결의 방법이 아니다. 즉 전쟁이라는 무목적 적인 거대 폭력이 경제 사상의 차이를 해결하는 바람직한 방법은 결코 아니다. 사상의 차이는 더 많은 공부를 하고 더 많은 생각을 한 후 함께 머리를 맞대고 고민해야지 풀리는 문제였을 텐데 세계 열강의 패권 다툼 속에서 전쟁이 터져버린 것이다.

한국 지식인들에게 남은 문제는 두 가지였다. 6.25라고 불리던 전쟁의 성격을 이해하는 것이 그 하나였으며 다른 한 가지는 이 당에 남은 희망은 무엇인가라는 것이었다. 그 답은 쉽게 나오는 것이 아니었다. 첫 번째 질문은 철학적이고 인문학적이었던 것이나 두 번째의 질문은 매우 현실적인 것이었다. 첫 번째의 질문은 과거에서 시작된 사건을 이해하려는 것이라면 두 번째의 것은 현재에 집중하여 내일을 걱정하는 문제였다.

전쟁의 이유? 그것은 철학적으로는 이해할 수도 인정할 수도 없는 것이었다. 그들이 물을 수 있는 것은 따라서 사회적 당면 과제, 앞에서 말한 의무론적 주제, 보다는 존재론적 질문이었다. 이들은 세기말적 태도를 보이며 실존주의에서 해법을 찾으려는 노력을 한다. 마치 일 이차 대전의 상처를 실존주의로 씻어 내려던 유럽의 지식인들과 똑 같은 자화상들을 그려낸다. 진지하고 숙엄한 풍경이었지만 꿀꿀이 죽을 먹으며 허기진 속을 달랠 뿐 내일에서 희망을 찾을 수 없었던 이 땅의 수 많은 사람들에게 나눠 줄 수 있는 현실적인 대안은 가지지 못했다.

현실적인 대안은 오직 풍요로움을 이 땅에 이식하는 것뿐이었다. 4.19 혁명으로 탈출구를 찾은 대한민국. 그날을 주도한 것은 이 땅의 젊다 못 해 어린 지식인들이었다.

> 푸른 하늘을 제압하는
> 노고지리가 자유로왔다고
> 부러워하던
> 어느 시인의 말은 수정되어야 한다.
> 자유를 위해서
> 비상하여 본 일이 있는
> 사람이면 알지
> 노고지리가
> 무엇을 보고
> 노래하는가를
> 어째서 자유에는
> 피의 냄새가 섞여 있는가를
> 혁명(革命)은
> 왜 고독한 것인가를
> 혁명은
> 왜 고독해야 하는 것인가를
>
> **푸른 하늘을/ 김수영**

4.19 혁명에 성공한 시인은 자유의 개념을 확실히 해야 함을 본능적으로 느낀 듯 한다. '노고지리가 자유로왔다고', '자유를 위하여 비상하여 본 사람', '어째서 자유에는 피의 냄새가' 등 세 번

에 걸쳐서 '자유'라는 단어가 반복되고 있으며 시 전체를 관류하는 개념어로 작용되고 있음을 알아 보기란 그리 어렵지 않다. 물론 혁명 역시 중요한 구실을 하는 것으로 보인다. 그런데 '노고지리가 자유로웠다고 말한 시인의 시구'가 수정 되어야 한다는 이 단호한 말투 (거의 선언적이다. 위대한 문학 작품은 위대한 선언적 말투를 지니는 경우가 많다. 카뮈의 이방인의 첫 구절을 기억하는가?)는 적어도 노고지리에 대해서 쓴 시인이 자유를 오해하고 있었다는 인식론적 오류에 대한 지적이다. 노고지리가 하늘을 훨훨 날 듯 그렇게 단순하게 자유가 정의될 수 없다는 것이다. 그렇다면 어떻게 정의되어야 할까? 그것은 알지 못하지만 (알 수 있었을 수도 있다. 아니, 김수영이라면 알고 있었을 것이다.) 적어도 '자유를 위하여 비상하여 본 사람이 알게 된 그 자유'는 노고지리의 비상으로는 대신하지 못할 심오함과 복잡하고 어려운 무엇이 있었을 것이다. 그런데 이 구절을 보면 자유를 위하여 비상해 본 사람은 자유를 가지지는 못하였더라도 자유를 알게는 된 것이다. 따라서 노고지리를 운운한 시인의 자유에 대한 무지는 깨우쳐 줄 수 있다.

> Celui dont les pensers, comme des alouettes, Vers les cieux le matin prennent un libre essor, - Qui plane sur la vie, et comprend sans effort Le langage des fleurs et des choses muettes!
>
> (비상을) 생각하는 자는 아침이면 하늘 향해 자유로이 날아 오르는 종달새 마냥 인생 위를 떠돌며, 꽃들과 침묵하는 것의 언어를 애쓰지 않아도 알아 들으리라.
>
> Elévation

프랑스 상징주의 시인의 대표라고 할 수 있는 보들레르의 '비상(Elevation)'이 아마도 김수영 시인이 인식론적 오류를 보이기에 수정되어야 한다고 이야기한 대상일 듯 싶다. 위의 시 구절은 (보들레르 '상승'을 검색해보면 알텐데) 매우 다양하게 오역이 되어있다. 아마도 영시로 번역이되거나 일본어로 번역된 시를 접한 김수영 시인은 오역본을 보았거나 부러 오역을 한 것으로 보인다. 두 번째 행의 prennent의 목적어는 '자유로운 비상'으로 보아야 하는데 만약 그 목적어를 바로 앞에 놓인 'les cieux'로 본다면 '하늘을 제압하는'이라는 묘한 표현으로 바뀐다. (문법적으로 불가능하므로 오역으로 보아야 한다. 서술어와 목적어의 수의 일치에 위배된다.) 어쨌든 김수영 시인에게 자유를 논하는 사람이 기껏해야 침묵의 소리나 꽃의 언어를 이해한다는 것은 성미에 맞지 않을 일이다. 김수영은 자유에 피가 섞여있다는 것을 알게 되었기 때문이다. 차라리 꽃의 비명과 풀의 투명한 피를 느꼈을 것이다. 노고지리가 노래하는 것은 결코 행복의 노래일 수 없었다. 높게 날아오른 노고지리는 인생 위를 떠 돈다.(위의 시 2행 참조) 그러나 그들은 행복하지도 않고 자유롭지도 않을 것이다.

> 우리가 어느 별에서 만났기에
> 이토록 서로 그리워하느냐
> 우리가 어느 별에서 그리워하였기에
> 이토록 서로 사랑하고 있느냐
>
> 사랑이 가난한 사람들이
> 등불을 들고 거리에 나가
> 풀은 시들고 꽃은 지는데
>
> 정호승, 우리가 어느 별에서 1982

김수영의 시에 비하여 이십 년 늦게 빌표 된 시이지만 노고지리가 하늘에서 본 어느 별의 모습은 정호승 시인의 '우리가 어느 별에서' 보여주는 그러한 '어느 별'의 모습은 아닐까? 우리가 만난 별은 지구라는 별일텐데 그 곳에는 이별하고 그리워하며 풀은 시들고 꽃은 저문다. 김수영 시인이 본 그 별은 더 한심했을 것이다.

> "젊은 사람이 꽤 고지식하군. 물론 양심도 소중한 거요. 그러나 보시오, 양심이 밥 먹여주는 건 아니잖소? 또한 양심도 때에 따라선 잠시 딴전도 피워 보는 게 세상 사는 이치일 수 있는 거요. 내 이걸 묻고 싶소. 형씨에게 일 년 동안 중노동으로 흘린 비지땀의 대가가 얼마인지 모르지만, 백만 원 돈이면 어떤 장사로도 한밑천은 충분히 될 만한 금액이오."
>
> "······."
>
> 종우는 대답할 말을 잃었다. (중략)
>
> "안 돼요. 저로서는 그럴 수 없어요. 시우가 설령 감옥살이를 하지 않게 되더라두 그렇게 돈에 동생을 넘겨 버리고 싶진 않아요."
>
> 김원일, 잠시눕는 풀 1973 중에서

'바람보다 빨리 눕는 풀'에 대한 김수영 시인의 구절을 여러분은 기억할 것이다. 풀이 누우면 무슨 일이 벌어 질 수 있을까? 시인이 직관적으로 던진 구절에 위의 작품 '잠시 눕는 풀'은 답을 준다. 풀이 잠시 누우면 '양심은 잠시 딴전을 피워도 되는' 것이 되며 밥 먹여 주지 않는 애물단지가 된다. 백만 원이면 동생을 넘길 수도 있다. 양심의 문제보다 더 큰 문제로 보인다. 동생도 가족도 없다. 오직 내 살 궁리가 가장 최우선인 세상이 된 것이다. 돈은 '

백만 원'이라는 거금이 오가며 '거래'가 되지만 세상의 덕과 아름다움 그리고 개인의 양심은 조롱거리일 뿐이다. 양심을 지키려는 것이, 아니, 동생을 지키려는 것이 고지식한 사람일까? 융통성 즉 세상의 요령이 조금 모자란 사람이 고지식한 사람일텐데 그 요령이라는 것이 곧 양심을 파는 것과 동일한 세계. 그리고 동생을 파는 세계. 부패와 비정함의 냄새가 난다.

> 철호는 눈도 깜빡하지 않고 그저 영호의 머리카락이 흐트러져 내린 이마를 바라보고 있었다.
> "돌아가세요, 형님."
> 영호는 등신처럼 서 있는 형이 도리어 민망한 듯이 조용히 말했다.
> "수감해."
> 형사가 문깐에 서있는 순경을 돌아 보았다. 영호는 그에게로 오는 순경을 향해 마주 걸어 나갔다. 영호는 뒷문으로 끌려 나가다 말고 멈춰 섰다. 그리고 뒤를 돌아 보았다.
> "형님, 어린 것 화신 구경이나 한 번 시키세요. 제가 약속했었는데."
>
> **이범선, 오발탄 1959 현대문학 중에서**

동생은 가정을 살려보려고 범죄를 저지르지만 검거된다. 검거된 동생을 보려고 형은 정신없이 달려간다. 그 형을 동생은 오히려 걱정해주고 남은 피붙이인 어린 것 걱정까지 한다. 범죄자가 정상적으로 잡히고 가족에 대한 사랑과 정도 그려진다. 그저 가난이 원수일 뿐이다. 풀은 햇살과 빗물과 영양분이 모자랐을 지는 모르지만 늪지는 않은 것 같다. 말라 죽을지언정 인간이라면 버리지 말아야 할 가족, 양심 등등의 그 어떤 가치를 지키고 있다.

그러나 산업화가 진행되고 풍요가 시작되자 오히려 풀들은 눕기 시작한다. 산업화로 풀들은 뿌리를 잃었다. 뿌리를 잃은 풀들은 눕는다. 풀들이 눕는 것은 권력에 대한 단순한 굴종만이 아니었다. 적어도 그 권력자가 인간이 아닌 돈일 때 풀은 양심을 버리고 가장 마지막까지 간직해야 할 인간으로서의 최후의 가치마저 돈에게 양보한다. 그것이 눕는 풀이었다. 적어도 산업화 사회에서는.

대한민국이 이룩한 산업화의 거대한 업적을 폄훼하려는 것은 아니다. 그러나 산업화의 과정에서 우리는 돈을 얻었지만 참 많은 것을 잃었다. 하나를 얻으면 하나를 내 놓아야 하는 것이 인간이 만든 기본 법칙일지 모르지만 우리가 잃은 것을 잃지 않을 수는 없었을까. 이제 또 다시 전개될 다음 시대에 우리는 무엇을 얻고 무엇을 잃을 것이며 상처를 담는데 익숙한 문학은 또 무엇을 기억하게 될까.

3) 탈권위의 후기 산업사회

1987년의 거대한 혁명은 평화적이었다. 민주주의를 요구하는 국민들의 목소리는 준엄 했지만 1980년 서울의 봄으로 상징되는 민주화 운동이 불법한 정부에 대한 반항이었다면 1987년 6월 항쟁은 민중의 성숙한 민주화 요구로 정부에 대한 심판자의 풍모를 지니고 있었다. 민중의 걸음걸이는 역사의 걸음걸이 바로 그것이었다.

> 말하라 6월이여
> 우리의 6월이여
> 죽음을 넘어 굴종과 포기를 넘어
> 기나긴 어둠을 넘어
> 그것은 생명이었다고
> 그것은 운명이었다고
>
> **고은, 그날의 대행진 1987 중에서**

그것은 생명이고 그것은 운명이었다는 시인의 마지막 두 행이 울림으로 남는다. '생명'과 '운명'. 우연과 필연인 것일까. 기쁨과 두려움일까. 생명은 그 자체로 축복이겠지만 생명이 탄생이 되는 순간 운명은 가혹하게 생명을 자신의 것으로 만든다. 마치 예수 그리스도가 탄생할 때 이미 십자가 형이 결정이 되고, 오이디푸스가 태어날 때 이미 아버지를 죽이고 어머니를 취하도록 운명은 눈먼 자를 이끌 듯이 끌고 가 버린다. 고은 시인은 그 운명의 방향을 알고는 있었을까? 아니면 그 운명의 방향은 알지 못하지만 운명이 있다는 것 만큼은 시인의 날카로운 예지로 알아 차린 것이었을까? 1987년의 혁명은 정치적인 민주화를 이루었다는 면에서도 쾌거라 할 만 하지만 일상 생활을 포함하는 사회 전 분야에 총체적으로 민주화를 가져왔다는 면에서는 더욱 놀라운 역사의 진보를 이뤄낸 것이다.

민주주의는 1879년 프랑스 혁명을 계기로 그 근대적인 철학을 보유하게 되며 '자유 평등 박애' 라는 세 축을 근간으로 사회가 형성된다. 이 때 자유는 의식, 지시 혹은 사상의 자유를 의미한다. 그리고 평등은 권리의 평등을 의미한다. 즉, 근대 민주주의의 시작은 사상의 자유와 권리의 평등 그리고 공동체적 사랑을 바탕으로 탄생한다. 이 탄생은 생명이다. 그러나 그 생명이 추구하는 방향으로 나갈 수 있었을까? 그렇지 않았다. '생명'이 추구하는 방향과는 다른 방향으로 진행된다.

1987년 한국에서 민주주의는 새로운 생명을 얻었다. 과연 한국의 민주주의는 '권리의 평등'과 '사상의 자유'라는 방향으로 잘 자라 날 수 있었을까? 이제 대한민국이 민주화를 이룬 지 한 세대가 지난 만큼 그 과정을 반추하기에 충분한 시간이 흐른 것 같다. 세대별 격차, 남녀간 격차 등 사회에서 기존의 권위를 가진 집단은 그 힘을 빠른 속도로 내려 놓아야 했다. 국가 권력은 급속히 축소되었으며 지방 분권화 역시 이루게 되었다. 산업의 구조 역시 지식 위주의 탈 산업사회를 이루는데 성공하여 누가 뭐래도 IT 강국을 이루었으며 세계화 역시 급속하게 진행되었다. 한국인이 해외에 나가 사는 비율이 인구 대비로 보면 세계 2위를 기록할 정도로 공격적인 해외 진출을 이뤘다. 또한 한국 내의 외국인 숫자는 200만 명을 상회한다. 그러나 우리에게 누군가 길을 묻는다면, 어디로 가느냐고 묻는다면 그 답이 자신이 없다. 설혹 목적지를 안다고 하더라도 그곳으로 가는 길이 행복한 길이냐고 묻는다면 우리는 더욱 자신 할 수 없다. 그 이유는 우리의 자유와 평등의 본질이 변하였기 때문이다. 변화라고 해야할 지 변질이라고 해야 할 지 고민스러운 대목이다. '사상의 자유'는 어느 순간 경쟁의 자유로 변하였다. '권리의 평등'은 '기회균등'이라는 개념으로 변하였다.

그 변화의 이유는 무엇이었을까? 전체주의적 집단의 의사 결정은 단기간만 놓고 생각해 본다면 민주주의에서의 의사결정에 비하여 더욱 효율적이다. 전체주의적 집단인 군대에서 의사 결정은 매우 신속하며 효율적이다. 전체주의에 익숙했던 국가구성원들은 갑작스러운 민주적인 의사 결정 절차에서 비효율성을 느꼈을 것이다. 회사의 예를 들어보자. 어제까지만 해도 한 마디 명령으로 끝날 일들이 갑자기 왜 그런 것인지 이유를 설명해야 하고 토론을 통해서 과연 그 명령이 타당한 것인지를 따져야 한다면 의사결정 자체가 느려질 것이고 의사결정의 지연은 비효율적이라고 느껴질 수 있을 것이다. 이 문제는 학습에서도 나타난다. 이유 불문하고 외워서 시험을 볼 수 있다면 같은 한 시간의 공부에서도 많은 것을 머리에 넣었다는 착각을 할 수 있다. 그러나 그 지식은 매우 얕은 지식일 가능성이 높고 창의적인 아이디어로 발달하지 못할 것이다. 붙임 형 지식이다. 회사에서의 의사 결정도 마찬가지이다. 시간이 더 걸리는 비효율적 의사 결정은 높은 수준의 의사결정 능력을 가지고 있는 경우가 많다. 마치 질이 좋은 지식처럼. 응용력이 있으며 상황의 변화에 더욱 유연하게 대처할 수 있다. 그런데 비효율적인 면도 존재한다. 이 비효율적인 부분을 보완할 수 있을 것이라고 믿은 것이 자유로운 경쟁 혹은 경쟁의 자유이다. 사회는 무한 경쟁으로 빠져들어갔고 교육도 그 무한 경쟁에서 예외는 아니었다. 타인보다 잘 나가야 한다는 강박이 사회를 지배한다. 원래도 경쟁이 치열할 수 밖에 없는 환경의 대한민국은 경쟁에 대한 믿음으로 빠져들어간다. 약자나 타자에 대한 배려는 사치이다. 양보는 패배이며 공동체는 사회 교과서에나 있는 유치한 사고방식이다. 원래 하나됨으로 제도보다도 인간간의 관계에 더 가치를 두던 사회적 유대감은 상실되어간다. 산업화 시대에 이미 잃어가던 인간적인 따스함. 차이가 있다면 산업화 시대에는 우리가 무엇을 잃고 있는지는 알고 있었다는 것이다.

> 나는 이제 너에게도 슬픔을 주겠다.
> 사랑보다 소중한 슬픔을 주겠다.
> 겨울밤 거리에서 귤 몇 개 놓고
> 살아온 추위와 떨고 있는 할머니에게
> 귤값을 깎으면서 기뻐하던 너를 위하여
> 나는 슬픔의 평등한 얼굴을 보여주겠다.
> 내가 어둠 속에서 너를 부를 때
> 단 한번도 평등하게 웃어주질 않은
> 가마니에 덮인 동사자가 다시 얼어죽을 때
> 가마니 한 장조차 덮어주지 않은
> 무관심한 너의 사랑을 위해
> 흘릴 줄 모르는 너의 눈물을 위해
> 나는 이제 너에게도 기다림을 주겠다.
>
> 정호승, 슬픔이 기쁨에게 1982

가마니에 덮인 동사자에 대하여 시적 화자는 다시 얼어 죽은 것은 아닐까, 즉 두 번의 죽음이 있는 것이 아닐까라는 질문을 던진다. 시적 자아가 가지는 합리적 의심은 단 한번도 평등하게 웃어주지 않는 사회를 겨냥한다. 이때의 평등은 분명 권리의 평등이다. 동사자 역시 세상을 살면서 기회는 균등 했으리라. 교육을 받을 기회도 세상이 막은 적은 없었을 것이며(단지 자신이 너무

가난해서 가지 못한 것 뿐이다.) 세상의 좋은 직장에 지원을 하지 못하도록 세상이 막은 적도 없었을 것이다.(단지 본인이 가난해서 학교를 못 다녔고 따라서 학벌도 별 볼일 없다.) 즉, 기회를 사회에서 막지는 않았다. 그러나 평등을 권리의 평등이라는 원래적인 개념으로 놓고 보자면 동사자는 세상에서 같은 권리를 가지고 살지는 못 했을 것이다. 달리기에 비유하자면 단 한번도 같은 스타트 라인에서 출발할 수 없었을 것이다. 그러나 그 누구도 평등한 얼굴로 웃어주지 않았다. 정호승 시인이 세상에서 본 것은 권리의 평등을 추구하지 않는 세상은 얼어 죽은 사람을 다시 얼어 죽게 할 만큼 잔혹하고 비정한 세상이 되리라는 것이다. 그 사회는 원래 인간이면 가지고 있는 36.5도의 체온을 잃는 사회라는 것이다

 탈산업사회로 진행되며 현기증을 느낄 정도의 급격한 경제 발달을 해 나가는 한국사회는 더욱 냉정한 사회로 변해가며 평등과 자유의 원래적 의미를 망각해간다. 그리고 그 망각은 사회 보편적으로 일어났다. 몇몇 작가들은 그 망각을 기억으로 돌리고 싶어 한 흔적을 보이지만 세상의 변화하는 굉음에 비하자면 미세한 소리에 불과하다.

 결국 한국 문학은 다양화라는 미명하에 그 구심점을 서서히 잃어간다. 그러니까 다양화되는 이 시대의 정확한 시대정신을 아직은 찾고 있는 모색기라고 할만하다. 물론 한 세대를 넘도록 탐색만 한다는 것이 언제 답이 나올 지 모르는 답답함의 연속이기는 하다. 그러나 세상의 변화 속도가 너무 빠르기에 문인들의 에스프리가 그 시대를 못 따라가는 것일지도 모른다. 근대가 시작하던 백년 전과 비교하자면 일인당 평균 이동거리는 250배 정도 늘어난 것으로 보며 이는 개인의 이동수단 속도가 그 만큼 빨라진 것

을 의미하는데 이 속도의 변화와 사회의 진행 속도 사이에는 어느 정도의 함수 관계를 갖는 것으로 근대 사회에서는 생각할 수 있다. 이 개인의 이동 속도나 이동 공간이 정보를 접하는 속도이자 정보를 접할 수 잇는 공간의 확장을 의미하기 때문이다. 그러나 정보사회에서 이 물리적 거리는 힘을 잃는다. 우리는 아무리 떨어져 있어도 엄청나게 빠른 속도로 정보를 접한다. 이제 근대 초기보다 수 만배 빨라지고 그만큼 정보공간도 넓어졌다. 세상의 발달과 변화는 정보 획득 속도및 정보 획득 공간의 넓이와 상당한 일치를 보인다. (매트 리들리, 이성적 낙관주의자, 2010 참조하라.) 이 빠른 속도 변화 속에서 세상을 다시 살펴보고 그 일어난 사건을 문학에 담아 내기에는 이제까지의 문학의 속도로 가능할 것인가라는 질문을 던지지 않을 수 없다. 21세게를 살아가는 디지털 족속을 오죽하면 신인류라고 하겠는가?

그럼에도 21세기에 읽힌 작품들이 없는 것은 아니다. 그 중 일부는 이 현기증 나는 사회 속에서도 빛나는 위트를 가진 작품들이다.

> 잘못 된
> 선택
> 뒤늦은
> 후회
>
> **하상욱, 내 앞자리만 안내림, 단편시집 서울 시**

지하철 안. 별로 붐비지는 않아도 빈 자리가 없다. 다음 정류장에서 내릴 사람이 누구일까? 관상학과 직감력을 동원해 본다.

그러나 내 앞의 앉은 이는 꿈쩍도 하지 않는다. 아차. 그러나 이미 때는 늦었다. 일상의 일들을 소소하게 보여주는 재미가 있는 시이다. 세상의 고민을 다 짊어진 듯, 우리의 역사만이 비극의 역사라는 식의 의식은 간 곳 없다. 하루 속에 그려지는 소시민의 민 낯이 있을 뿐이다.

> 두두두두두 똥말은 달려간다 천일마화여, 두두두두
> 마각을 감춘 채 세상의 똥말들은 쉬지 않는다.
> 나의 왕인 고객이시여, 아직은 칼을 거두소서,
> 내 말은 아직 끝나지 않았답니다.
> 니는 여전히 추미 탐색 중이니까요. 기다림을 멈추지
> 마세요. 언젠가는 대박을 안겨드릴 거예요.
> 그럼요, 멋지게 인생을 역전시켜드릴게요.
>
> **유하, 천일마화, 2000 중에서**

이 시의 배경은 경마장이다. 경쟁이 치열한 곳이며 돈을 놓고 돈을 먹는 곳이다. 사람들은 욕망에 눈이 멀어 오늘도 달리는 말에게 베팅을 한다. 21세기를 맞이하는 시인 유하의 눈에 보이는 현대인은 거침없는 욕망의 표출자일 뿐이다. 제목이 이채롭다. 천일 야화(아라비안 나이트의 한국어 제목)를 패러디하여 천일 마화(이 시집은 경마장의 말이 주인공 격이다.)라는 제목으로 독자에게 다가왔다. 패러디 역시 현대 예술에서는 상당히 중요한 부분을 차지한다. 현대의 예술은 복제가 자유

롭다. 물론 복제의 테크놀로지는 모더니즘의 유산이지만 그 영향력은 남아있다. 팝 아트 등에서 어렵지 않게 볼 수 있지 않던가. 한 작품이 한 곳에서만 있던 시대하고는 분명 다른 시대에 살고 있다. 아우라(Aura)의 원래적인 의미는 '하나이기에 의미가 있다.'는 뜻이다. 즉 고흐의 '자화상'도 미켈란젤로의 '최후의 심판'도 안견의 그 훌륭한 '몽유도원도'도 모두 단 하나이기 때문에 의미가 있는 것이고 이작품들이야말로 '아우라'가 있는 작품들인 것이다. 그러나 현대의 미디어는 이 작품들을 하나로 두지 않고 수 많은 복사본을 만들어 낸다. 그래서 아도르노는 그의 '미학' 서두를 '예술에 관한한 이제는 아무것도 자명한 것은 없다.'라고 시작하고 있지 않는가. 인간 역시 지금은 너와 내가 서로 다르며 '나'라는 존재는 세상에 단 한 명이므로 가치가 있다고 생각하며 인간이 존엄하다고 판단하는 중요한 근거가 된다. 그러나 게놈이 복제가 자유롭게 되는 미래의 (그리 멀 것 같지 않지만) 어느 시대가 된다면 인간의 존엄성을, 나의 가치를 무엇으로 주장할 것인가? 예술은 복제의 시대를 인간보다 조금 먼저 맞이한 것 뿐이다.

> 4월은 잔인한 달, 죽은 땅에서 라일락을 피워내고
> 봄비로 겨우내 얼어붙었던 주로를 일깨우고
> 모래 바람과 욕망을 뒤섞고
> 더 많은 마권을 꽃잎처럼 흩날리게 한다.
>
> 유하,　천일마화 - The Waste Land

> 4월은 잔인한 달
> 죽은 땅에서 라일락을 키워내고
> 추억과 욕정을 뒤섞고
> 잠든 뿌리로 봄비를 깨운다.
> 겨울은 오히려 따뜻했다
> 잘 잊게 해주는 눈으로 대지를 덮고
> 마른 구근으로 약간의 목숨을 대어 주었다
>
> **T.S. Eliot , The Waste Land**

두 편의 시는 무척 닮아있다. 물론 엘리엇의 그 유명한 '황무지 : The Waste Land)'를 한국의 시인 유하가 패러디한 것이다. 엘리엇의 시대인 20세기 초반은 추억과 욕정을 섞지만 21세기의 유하는 모래바람, 즉 허황함을 욕망과 뒤섞는다. '마권'이라는 자본에의 갈망이 꽃잎처럼 휘날린다. (마권이란 자신이 베팅한 영수증 혹은 카지노의 칩과도 같은 것이다.) 엘리엇의 황무지는 사월은 가장 잔인한 달이라는 이제까지 없던 이미지를 만들어내야 하는 것이었다면 유하는 새로운 이미지를 만들 필요가 없다. 이미 있는 이미지를 한 번만 꼬아서 현재를 설명하는 도구로 쓰면 그 뿐이기 때문이다. 유하의 시 작법을 반칙이라고 느끼는가? 전혀 그럴 이유가 없다. 왜냐하면 21세기가 그러한 시대이기 때문이다. 더 이상 '원조'라는 간판은 의미가 없어 질 것이며 고유의 가치는 아무도 알아주지 않는 허상이 되어버린다. 진실과 꿈이 교묘히 그 가치가 뒤집어지는 세상. 그것이 21세기이며 더 이상 믿을 가치가 없기에 오로지 자본에 대한 욕망에만 천착하게 된 세상. 그것이 21세기일지 모른다.

2-3 한국어와 문학

1) 문학의 언어, 언어의 문학

19세기 말과 20세기 초에 인간의 뇌에는 브로카 영역과 베르니케 영역이 있어 인간의 언어를 담당한다는 것이 발견되었다. 브로카 영역에 문제가 있는 경우 표현에 어려움을 겪으며 베르니카 영역에 문제가 있는 경우 이해에 어려움을 겪는다. 그런데 이 두 부분은 시각 신경및 청각 신경에 복잡하게 얽혀있는 것이 분명하다. 장님이 점자를 만져서 글을 해독하려 할 때 사용되는 감각은 촉각이지만 MRI 를 이용하여 뇌를 찍어보면 시신경이 (장님인데도 말이다) 함께 작동되며 베로니카 영역과 브로카 영역이 활성화된다. 그 뿐이 아니다. 귀머거리가 수화를 할 때는 분명히 시각을 이용하는데 신기한 것은 그의 뇌에서는 청각 신경이 함께 활성화 된다는 것이다. 그리고 그네들은 언어적인 이해를 한다! 언어란 참으로 마술과도 같다. 같은 단어를 말해도 그 상황에 따라 사람들은 그 뜻을 대부분은 귀신같이 알아내며 수 만개의 단어들을 아무렇지도 않게 기억하고 자연스럽게 사용한다. 그 누구도 자신의 입에서 어떤 단어들이 어떻게 조합되어 나올지 알지 못한다. 그러나 단어들은 기관총처럼 나오고 그 단어들은 대부분 상당히 정확하게 문법에 맞는 문장으로 완성된다. 즉 우리는 우리가 생각하고 말을 하는 것 같지만 실은 우리는 대충 생각만 하고 있고 말은 자동으로 쏟아져 나온다. 이는 한국어를 쓰는 사람들만의 공통점은 아니다. 어느 언어를 쓰던 모국어화된 언어에서는 늘 일어나는 일이다. 즉 한국어와 프랑스어는 서로 다르지만 각각의 언중이 언어를 다루는 법은 비슷하다. 언어는 모두 매우 닮아 있지만 또 서로가 매우 다르다. 어느 나라 말이든 기분 나쁜 말투가 있고 사랑을 이야기하는 말투가 있으며 아름다운 말이 존재하기 마련이다. 언어는 심오한 사고를 담기도 하며 감정을 싣기도 하고 법을 만드는 도구가 되기도 한다. 또한 동시에 범행을 모의하는 도구가 된다. 도대체 언어란 무엇일까? 물리학적으로 보자면 단순한 파동일 뿐인데 어쩌면 이렇게 많은 것을 할 수 있으며 어쩌면 이렇게 다채로울 수 있을까?

언어의 구조에 비밀을 풀기 시작한 것은 이제부터 백 여전 전의 일이다. 스위스의 언어학자인 소쉬르는 언어를 일종의 '싸인(Sign)'이라고 규정하였다. 우리가 싸인이라고 부르는 것은 '의미'와 '형식'으로 이뤄진다. 겉으로 드러나는 것이 형식이라면 그 속의 의미가 곧 내용이다. 공원 앞의 표지판에 강아지 그림이 있고 그 강아지의 목에 목줄이 채워진 그림이 그려져 있다고 해보자. 대부분의 사람들은 '아, 이 공원에서는 개의 목줄을 풀어 놓으면 안되는구나.'라고 쉽게 그 뜻을 유추할 수 있다. 여기에서 그 표지판의 그림은 형식이고 개에게 목줄을 채우지 않는다는 것은 내용이다. 그런데 언어는 좀 특이하다. '강아지'라는 글자를 아무리 드려다봐도 거기에 '개'는 존재하지 않는다. 한글을 모르는 사람이라고 가정할 때 그 사람에게 '강아지'라는 글자는 아무 쓸모가 없다. 새종대왕께 미안할 일이지만 그에게 '강아지'라는 글자는 아무 쓸 때 없는 이상한 기하학일 뿐이다. 즉, 강아지 그림과 '강아지'라는 글자는 모두 '싸인'이기는 한데 그 종류가 다르다. 즉 그림은 형식과 내용이 유추가 가능한 관계이지만 글자는 유추가 불가능하다. 이 싸인이라는 개념은 문학을 이해하는데 아주 중요한 단초를 제공한다.

> 무심한 발자국들이 지나간 길에 꽃들이 피었습니다.
>
> 하종오, 님, 1999 문학동네

위 시구절의 겉으로 드러난 글자들은 형식이다. 그러나 그 의미는 무엇인가? 우리가 자주 사용하는 언어는 그 의미가 결정이 되어있지만 문학처럼 창의적인 언어의 사용에서는 고정된 의미를 잡을 수 없다. '무심한 발자국'이라는 표현이 우리에게 이 구절의 의미가 무엇인지 선뜻 말하지 못하도록 하는 시적장치이다. '길에 꽃이 피었습니다.'는 이해할 수는 있지만 정확한 해석은 또 다른 차원이다. 어느 길인지, 어느 계절인지, 꽃이 한 송이인지 여러 송이인지 그리고 무슨 꽃인지도 알지 못한다. 즉 이 구절의 의미를 정확히 알기에는 정보가 턱없이 부족하다. 그러나 우리는 그 뜻을 우리가 원하는 만큼 아는데 별 문제가 없다. 경찰서에서 피해자가 진술하는 것이라면 더 꼬치꼬치 캐물을 필요가 있겠지만 일상적 언어 사용에서는 우리는 답답함없이 그 의미를 알아들은 것이다. 아쉬울 것이 없다. 따라서 위의 시구절에서 이 구절이 시의 구절임을 알게 하는 것은 곧 '무심한 발자국이 지난'이라는 부분이다. 이 부분이 바로 어떤 문장을 시로 만들어 주는 '시적 언어'이다.

> 내 말을 못알아 듣는 귀가 두개나 있소.
>
> **이상, 거울, 1933, 가톨릭 청년**

위 구절에서는 어떤가? 하종오의 시에서보다 더욱 간단한 한 글자가 위의 구절을 시로 만든다. 바로 '두개나'에서의 '나'라는 독립적으로 쓰이지도 못하는 '나'라는 한 글자가 글의 의미를 모호하게 만든다. 도대체 왜? 누군가가 나에게 '나는 귀가 두 개나 있어.'라고 말하는 장면을 상상해보라. 그 말을 하는 사람의 정신이 혹은 그 본뜻이 상낭히 의심스러워 진다.

언어에서 겉으로 드러난 형식의 부분은 표층구조라고 부르며 그 속 뜻을 심층구조라고 한다. 일상적인 언어는 표층구조를 보면 심층구조를 알 수 있다. 마치 '꽃이 길에 피었다.'처럼. 그러나 문학은 그 표층구조만 가지고 그 심층구조를 알기 어렵다. 우리가 시를 어렵다고 하거나 피하고 싶다고 말하는 이유이다. 즉 시는 언어와 비슷하게 그 형식을 보고도 의미를 유추하기가 쉽지 않은 낯선 표지판이다. (공원에 들어가려는데 그 표지판에 모나리자 그림이 그려져 있다고 생각해 보자. 어쩌라고?)

언어는 기본적으로 그 언어를 사용하는 연중 사이의 어떤 싸인에 대한 보편적 규칙이요, 약속이다. 따라서 언어마다 비슷하면서도 다른 약속들을 가지고 있다. 한국어의 특이한 약속은 높임말이다. 이 각 언어가 가지는 약속은 변하기도 하고 발달하기도 하며 소멸되기도 한다. 예를 들어 성냥이라는 단어는 조선시대에는 '마술'이라는 뜻이었다. 그런데 어느 순간부터 불을 켜는 도구로 그 의미가 변하였다. 아마도 척척 불이 켜지는 가느다란 나무 막대기를 보며 사람들은 마술이라고 생각했던 시대가 있었던 까닭일 것이다. '쌩얼', '프사'등은 요즈음 만들어진 말이다. 즉 언어는 생성되기도하고 소멸되기도 한다. 이를 언어의 사회성이라고 하는데 그 언어들 중에서 아주 개인적인 언어가 있다. 이 언어가 시적 언어이다. 그러나 아무리 개인적이라 하더라도 그 공동체의 영향을 받기 마련이다. 이제 한국어의 특징을 살펴보고 문학과의 관계도 함께 짚어보자.

2) 자유의 언어, 긴장의 언어

1667년. 영국의 한 출판사에 늙은 장님이 들어선다. 추레한 복장이다. 그의 손에는 두터운 원고 뭉치가 들려있었다. 출판사 사장은 단돈 80 파운드에 그 원고를 산다. 출판사 사장은 그 노인이 세상을 떠들썩하게 했던 캠브리지 출신의 천재 존 밀튼인것을 알았기에 그나마 돈을 주고 작품을 샀던 것이다. 한때는 국왕의 총애를 받았으나 크롬웰의 사상에 동조하고 청교도로 개종을 하는 등 당시 사회에 충격을 준 인물이었다. 그러나 그의 사상을 추종하는 이가 적지 않았다. 그러므로 그가 지금은 왕의 노여움으로 정작 가난한 노인이 되었다고 하더라도 그의 책은 상당히 시장성이 있을 것으로 판단하였다. 그의 판단은 정확했고 그 때 밀튼이 싼 값에 넘긴 원고가 그 유명한 실낙원 (Paradise lost : 원문을 읽고 싶으면 미국 다트머스 대학의 기록을 참고할 것: http://www.dartmouth.edu/~milton/reading_room/pl/intro/text.shtml) 이다. 출간된 원고의 내용은 훌륭했지만 밀튼의 언어 사용은 매우 낯선 것이었다. 우선 시임에도 불구하고 전혀 율격이 없는 일종의 자유시였다. 당시까지는 모든 시는 라임 즉 율격을 가져야만 했다. 율격은 '격'인데 그 격을 깼으니 말 그대로 파격 그 자체였다. 그리고 영어에서 별로 즐기지 않는 표현이 계속된다.

> An Ark, and in the Ark his Testimony,
> The Records of his Cov'nant, over these
> A Mercie-seat of Gold between the wings
> Of two bright Cherubim, before him burn
> Seven Lamps
>
> Milton, John Paradise lost , Book 12 1667

동사인 burn이 나올 때 까지 앞쪽의 서술이 매우 길다. '일곱 촛대'가 타고 있다라는 주어와 술어가 나오기까지 길게 길게 부사구를 늘어 놓는다. 도치법에 가까운데 영어에서는 지극히 꺼리는 특이한 형태의 문장으로 'Periodic sentence'라고 일컫는 표현법이다. 도대체 밀튼은 왜 이런 문체를 쓴 것일까? 밀튼에 따르면 영어는 주어와 술어가 나오고 그 다음에 다른 어구들이 나오므로 사람들이 너무 쉽게 그 문장의 결론을 알아버리다는 것이다. 즉 독자가 위의 시구절을 읽을 때, 'burn'이 나올 때까지는 무슨 사건이 일어날지 모른다는 것이다. 따라서 시적 긴장을 줄 수 있다고 한다. 이는 일종의 지연 효과 (서스펜스 효과)이다.

한국어는 있는 그대로 늘 지연 효과를 만들어 낸다. '나는 너를'까지 나와도 뭘 어떻게 하겠다는 건지 알 수가 없다. 아직 '사랑한다.'가 나올 지 '사랑하지 않는다'가 나올 지 도대체 알 수가 없다. 한국어는 따라서 긴장의 언어라고 그 첫번째 특징을 이야기할 수 있다.

> 강물이 모두 바다로 흐르는 그 까닭은
> 언덕에 서서
> 내가
> (온종일 울었다는 그 까닭) (만은 아니다.)
>
> **천상병, 강물 1949 문예**

강물이 모두 바다로 흐르는 까닭은 이라고 시적 자아는 운을 뗀다. 그리고는 언덕에 서서 /내가/ 라며 두 행의 시구절이 흐른다. 그러나 독자는 도저히 강이 바다로 흐르는 까닭을 알 길이 없다. 그리고는 '온종일 울었다는 그 까닭'에 와서는 강물이 흐른 까닭이 나의 눈물인가 라는 추론을 하게 된다. 그러나 결론은 왠걸 그 까닭만은 아니란다. 한 연을 다 읽었지만 그 까닭은 알 길이 없이 끝난다. 논리적으로도 과학적으로도 그 어떤 분석도 불가능하다. 그런데 우리는 마음 조이며 이 한 연을 읽는다. 그리고는 아려 오는 가슴의 한 끝을 느낀다. 어떤 언어이든 주어와 서술어가 문장에서 가장 중요한 정보를 제공하는데 유럽의 언어는 주어와 동사의 거리가 매우 가깝고 문장의 시작부분에 자리한다. 따라서 독자들은 가장 중요한 의미를 먼저 알고 부가적인 의미를 더한다. 그러나 한국어는 주어는 주로 생략이 되어있고 서술어는 문장의 가장 끝에 위치한다. 시제도 긍정과 부정도. 따라서 독자는 문장이 끝날 때까지 주어도 서술어도 모르는 채 도대체 무슨 말일지 주의를 집중하며 긴장해야 한다. 밀튼은 언어가 주는 긴장감이 부러웠나 보다. 그러나 우리에게는 일상이다. 따라서 한국어는 감정을 모아놓는 데에 아주 유리한 언어이며 따라서 한 등의 복합적이고 고급스러운 정서를 담을 수 있었을 것이다. 즉 심층구조의 의미가 표면구조로 바뀌는데 있어서 다른 언어보다 많은 시간이 요구된다. 마치 서서히 무대에 빛이 들어와 그 무대에 누가 서 있는지 조마조마하게 지켜보는 한 편의 콘서트와도 같은 장치가 표면구조와 심층구조 사이에 자리한다.

반면 한국어는 어미의 변화를 말하는 사람이 마음대로 정할 수 있다. 기대힌 지유이다. '나보기가 역겨워 가실 때에는' 이라는 김소월의 시구절을 영어로 번역한다고 할 때 '가실 때'를 어떻게 번역할 수 있을까? 존칭의 어미를 번역할 방법이 없다. 그런데 이 시구절에서 흥미로운 사실은 '가실 때'라는 존칭은 '나'라는 어휘와 원래는 쓰일 수 없다는 것이다. 오늘날보다 더욱 철저하게 존칭을 사용하였고 그 존칭이 더욱 몸에 익어 있을 당시에 시인이 실수로 '나'와 '가실'이라는 불협음을 만들었을까? 마지막 연에서도 동일한 구절이 반복된다. 언어에 민감하기 그지없는 김소월 시인이 그런 실수를 두 번이나 했을 확률은 로또 당첨 확률보다 낮을 것이다. 정확한 표현은 '저 보시기가 역겨우셔서 가실 때에는'이 정확한 표현이다. 그러나 가실 때를 제외한 나머지는 높임말이 아니다. 아무리 겸양지덕을 갖춘 사람이라 하더라도

'나 보기 역겨워' 하는 사람에게까지 '역겨우셔서'라는 존칭을 쓸 마음이 없음을, 도저히 존칭이 나오지 않음을 이야기하는 것으로 보아야 한다. 즉 문법적인 오류로 보이던 것이 문법적인 오류가 아

님을 알 수 있다. 그 의미가 문법보다 선행하기 때문이다. 나와 친한 그가 꼭 나같아서 'He am ....'이라고 쓸 수는 없지 않은가? 즉 영어는 어떤 경우라도 의미보다 문법이 선행한다. 따라서 우리말은 어미를 선택할 수 있고 변형할 수 있으며 이를 통하여 자연스럽게 문장의 섬세한 어감을 만들어 낼 수 있다. 화자에게 무척이나 유리한 언어이자 섬세한 언어를 다루는 문학에 아주 적합한 '주관적이며 섬세한 표현'의 언어이다.

   '달하 높이곰 도다샤'는 백제 시대에 만들어져서 고려가요로 자리잡은 정읍사의 한 구절이다. 어림잡아도 천오백 년 전의 시가이니 르네상스보다도 거의 천 년전에 쓰여진 시구이다. '달하'에서 '달'은 밤에 뜨는 달인데 '하'는 높임의 조사이다. 현대어에서는 보이지 않는다. '달아'와는 의미가 또 다르다. 달님이시어 정도로 해석해야 한다. 세종대왕 때인 용비어천가에서도 '하'의 용법이 보이는 것으로 보아서 '하'의 용법은 천 년을 넘어 생명을 간직한 것으로 보인다. '노피곰'은 현대어로는 '높이좀'의 의미이다. '높이 날아라'와 '높이 좀 날아라' 는 분명 그 느낌이 다르다. 높이 좀에는 나의 염원이 더욱 짙게 묻어난다. '도다샤'의 샤는 '돋으시어'라는 존칭의 어미이다. 단 여덟 자의 어구인데 '아' 대신 '하'가 쓰이고 '곰'이 붙고 '샤'가 더해지므로 해서 그 의미망은 섬세하고 견고하게 갖춰진다. 이 시의 뒷 이야기는 돌아오지 않는 님을 기다리며 달이 더 높이 밝게 떠서 님이 오는 길을 밝혀주기를 기원하는 어느 아낙의 간절한 기다림에 대한 것이다. '달아 높이 올라라' 와 '달님이시어 높이 좀 오르소서' 의 두 문장은 이성적으로 보자면 같은 정보를 전달하지만 그 감정의 차이는 분명하며 독자와의 공감이라는 면까지 생각해 본다면 분명 후자의 소망이 더욱 설득력을 가진다. '하'도 '곰'도 '셔'도 별 뜻 없는 문법적 표시들이다. 여덟 자 시구 중 석자가 뜻은 없는 글자들이다. 의미부는 다섯 자 뿐이다. 한국어에는 이처럼 뜻이 별로 없으나 형태적인 덧붙임을 통하여 그 감정을 고조시키는 어휘가 매우 발달되어 있다. (이때 발달은 양적으로 많고 나뉨이 섬세하여 질적으로도 더 잘 나타낼 수 있음을 의미한다.)

따라서 한국어는 심층 구조가 표면 구조화될 때 그 화자가 택할 수 있는 장치와 전략이 매우 풍부한 언어라고 할 수 있으며 그 풍부함은 감정의 미묘한 변화까지 담을 수 있으니 풍성한 언어요, 시적 언어인 것은 분명하다. 어쩌면 이런 긴장과 자유로움의 언어로 만들이긴 문학. 그 문학을 조윤제 선생은 은근과 끈기의 문학이라고 했던 것인지도 모르겠다. 적어도 은근과 끈기의 문학에 어울리는 언어인 것은 분명하다.

2-4. 문인들의 삶과 문학

1) 천재 VS 수재 : 근대의 첫 머리에서 마주치다.

　예술은 천재들의 놀이이다. 문학 또한 그렇다. 천재들이 가진 광기와 궁핍 그리고 프로메테우스적인 미래 읽기. 천재와 수재의 결정적인 차이는 그들이 사는 시대가 다르다는 것이다. 인터스텔라. 천재는 미래에 살거나 근원에 산다. 그래서 대부분의 천재들은 그 시대에 대접을 받지 못하고 궁핍하고 피곤한 그네들의 삶이 끝난 후에야 바른 평가를 받게 된다. 그러나 수재들은 그 시대가 바라는 것을 정확히 알고 그에 가장 적합한 답을 찾아낸다. 수재는 그 시대를 발전시키지만 천재들은 새로운 세계를 연다. 비록 그들이 그 시대를 살지 못할지라도.

　비극은 천재와 수재가 함께 작업을 할 때 발생한다. 그리고 천재보다 수재가 사회적으로는 더 우월한 지위에 있으며 남들이 알아보지 못하는 천재를 수재는 알아본다. 아마데우스 모차르트와 살리에르의 이야기를 들어보았는가? 당연히 모차르트는 천재이고 살리에르는 합스부르크가의 궁정음악가로 수재의 표상이었다. 하필이면 모차르트의 음악성이 그저 신동들이 보일 수 있는 한정적인 것이 아님을 알아본다. 그리고 평생 모차르트를 질투하며 살아간다. 그의 유일한 컴플렉스는 모차르트였다.

　1920년대가 열리면서 한국은 보다 세련된 정신을 갖추게 된다. 1919년 3.1 혁명 이후 한국 사회는 한 단계 성숙해졌다. 사실 한국의 역사는 너무나도 조용하고 평탄하였다. 삼국 시대가 끝이 난 7세기 이후 14세기 몽고의 침입과 16세기의 임진왜란과 병자 호란을 제외하고는 전쟁 다운 전쟁 한 번 겪지 않다가 갑자기 나라를 잃은 것이었다. 일천 오백 년 역사 속에서 전쟁을 한 기간은 백 년도 되지 않았으며 당시의 인구가 살기에 한반도는 너무도 넓고 비옥해서 다른 나라의 땅을 넘볼 필요도 없었다. 오로지 철학에만 집중을 하면 되었고 음주 가무와 시문학의 아름다움을 찾으면 되는 것이었다. 다른 큰 문제가 없으니 작은 문제들을 큰 문제인 것처럼 생각하며 지내던 진정 동방의 조용한 아침의 나라였다. 그러던 한국에게 근대화란 면역 불가능의 치명적인 신종 바이러스였고 일본은 변종 근대하라는 해악스러운 바이러스 숙주였다. 일본은 본인들도 '바이러스'에 감염되었고 일본 내에서 더욱 치명적으로 변한 제국주의 바이러스를 주변국에 옮기기 시작하였다. 1920년이 되었을 때 한국은 신종 바이러스에 대한 내성이 생긴다. 1919년 3월 항쟁이 내성을 갖추는데 결정적인 도움이 되었을 것이다.

약간의 내성이 생기자 한국의 문인은 자체적인 생명력을 확보하고 내성을 기르기 위한 작업을 시작한다. 역사를 이끄는 것은 물론 민중의 힘이지만 그 시간을 단축시키는 것은 천재들의 몫이다. 그 선두 주자로 이광수와 최남선이 있었다. 그러나 이들은 문을 두드린 것이지 새로운 삶의 양식을 발달시킨 자들은 아니었다. 즉 어디를 향해야 하는 지를 지목한 안내자였을 뿐 그 길을 간 자들은 아니었다

그 길에 첫 발을 과감히 디딘 것은 시인 김억이었다. 그러나 오늘 날 대중은 김억을 잘 기억하지 못한다. 그의 제자는 누구나 안

다. 그 유명한 김소월이므로. 한국 문학사에서 김억의 공로는 혁명적인 것이었다. 김억 전까지 근대의 뿌리인 유럽의 문물을 받아드리는 유일한 창구는 일본이었다. 유럽 대륙의 언어를 하는 한국의 지식인이 없었던 것이 가장 주된 이유였다. 그런데 당시에 유럽에서는 세계의 언어를 하나로 만들려는 지식인 운동이 있었는데 이 언어는 희망을 나타내는 에스페란토어라고 불렀다. 라틴어를 근간으로 만들었으므로 프랑스어 등 라틴어와 유사한 언어들은 에스페란토 어로 번역하여도 그 의미나 맛을 많이 상하지 않았다. 김억은 독학으로 에스페란토 어를 마스터하고 프랑스 시등을 직접 번역하여 한국에 알린다. 직접 번역된 시는 지금 읽어도 오역이 별로 없는 정확하고도 시적인 번역이라는 점이 놀랍다. 1921년 총 85편의 번역시를 실어서 '오뇌의 무도'라는 한국 근대문학 최초의 번역 시집을 출간한다. 한국 시사에 처음으로 자유시가 소개된 것이었으며 베를렌느의 '작시론'은 당시 시인지망생들에게는 하나의 기준이 되는 것이었다. 근대라는 물결을 따라가는 것이 시대정신이라고 읽은 그의 눈은 과연 정확했다. 그러나 그는 앞선 시대를 살거나 근원에서 살아가는 천재는 아니었다. 뛰어난 수재였을 뿐이다. 어느 날 아름다운 언어를 가진 청년 김정식을 제자로 들인다. 그가 바로 훗날의 김소월로 전형적인 천재과의 시인이었다.

김소월은 '근대'와 '유럽'이라는 개념에 매몰된 그의 스승의 생각에 오류가 있음을 직감적으로 느낀다. 김소월은 근원을 다시 생각한다. 한국의 시가 문학 전통이 유럽보다 앞서면 앞섰지 결코 뒤지지 않음을 지적한다. 그리고는 전통과 근대의 만남, 전통의 근대적 부활 등을 생각하기 시작한다. 제자가 써 온 시를 붉은 잉크의 펜으로 잔뜩 고쳐 놓은 원고지를 보면 스승인 김억에게 김소월의 전통편향적인 시 작업은 마뜩지 않았을 것이다.

 김소월이 가장 먼저 생각한 것은 한국시의 형식적인 아름다움과 한국의 정서는 무엇인가 하는 것이었다. 한국 고전문학을 공부하며 김소월은 우리나라 시가 전통에서 가장 아름다우며 대중에게 친근한 시가가 민요라고 결론 짓는다. 민요는 아리랑을 생각해보면 그 구조적 특성과 정서적 특성을 쉽게 떠올릴 수 있다. '아리랑 아리랑 아라리요'의 구성진 가락은 3.3.4의 율격을 가진 3음보 시임을 보여준다. 삼음보의 시는 그 자체로 여운과 여백을 보여준다. 앞에서 살펴보았듯 한을 나타내는 데는 제격인 음율이다. 아리랑 등 우리 민요의 기본 정서는 한이므로 그 형식과 내용이 궁합이 딱 들어 맞는다. 김소월은 이어서 시적 화자에 대해서 생각한다. 한을 가장 잘 나타낼 수 있는 화자는 어떤 화자일까? 한국의 정서 상 그것은 여성과 고향을 떠나 떠돌아야만 하는 나그네였다. 게다가 고어적인 한국어를 오히려 세련되게 구사하였다. 근원에 시간을 두고 김소월 시인이 스스로 개발한 이 '민요조 서정시'는 자유시와 정형시의 장점을 결합하였을 뿐 아니라 대중에게 눈 높이를 맞춘 걸작이었으며 주권을 잃은 국민에게 뿌리를 다시 기억하도록 하였다. 이후 문단은 무조건 유럽의 것이면 된다라는 믿음이 사라지고 김동환의 민족 서사시론 이라든가 시조 부활 운동 등의 전통 부활 운동이 시작된다. 김소월은 전통과 유입된 다른 문화가 만나 제 삼의 것을 창조할 수 있음을 보여준 천재였다. 그리고 그가 형성한 새로운 전통은 아직까지 한국 문학을 관류하고 있다.

2) Epiphany : 인간의 새로운 발견

　새로운 문학을 김소월이 발견하고 십 년이 지났을 때 한국 문단은 또다른 기린아의 탄생을 목도하게 된다. 이번에도 스승은 수재중의 수재요 그 제자는 천재이다. 스승은 '향수‘ 등을 쓴 근대시의 대가 정지용이며 그 제자는 이상이다. 경기 제일고보 공학부 (서울대학교 공대의 전신이다.) 건축과를 나온 이상은 당시 한국에서 진행되던 근대보다 더욱 발달된 근대에 관심이 많았다. 건축과를 졸업한 후 서울대 출신답게 모두가 부러워 하는 서울시청의 과장으로 취업이 되었으나 대부분의 천재가 그렇듯 그 좋은 직장도 자유를 구속하는 곳이라 하여 아무런 대책없이 그만둔다. 그리고는 종로 뒷골목의 햇살도 제대로 들지 않는 자취방에서 살며 꼽추 화가 구본웅과 단짝을 이뤄 돌아다닌다. 당시에 시인 이상과 화가 구본웅이 함께 다니는 모습은 종로거리의 명물로 꼽혔다고 한다. 까치집머리 (당시에는한자어로 작소머리, 즉 새집머리라고 하였다.)를 한 비쩍 마른 한 삶이 자신의 키의 절반 밖에 안 되는 곱추와 다녔으니 그 모양은 마치 서커스단을 방불케 하였으리라. 제대로 문학이나 인문학을 공부한 적도 없었던 이상은 인간의 내면 세계에 관심을 가지고 자신의 문학을 파고들어간다. 아홉 명의 예술인들의 모임인 구인회의 멤버이기도 했던 이상은 매춘부에게 얹혀 살다가 갑자기 카페를 열어서 망하는 등 기행을 일삼는다. 그의 시적 재질을 눈 여겨 본 정지용은 그의 시를 정지용이 아는 잡지에 실어주기로 한다. 그가 시를 써왔다면서 스승이 된 정지용에게 시를 건넨다.

임의의반경의 圓(과거분사의 時勢)
원내의일점과원외의일점을결부한직선
이종류의존재의시간적경향성
(우리들은이것에관하여무관심하다)
直線은圓을殺害하였는가
현미경
그밑에있어서는인공도자연과다름없이현상되었다.
X
같은날의오후
물론태양이존재하여있지아니하면아니될處所에존재하
여있었을뿐만아니라그렇게하지아니하면아니될步調를
미화하는일까지도하지아니하고있었다.
발달하지도아니하고발달하지도아니하고
이것은憤怒이다.
鐵柵밖의백대리석건축물이웅장하게서있던
眞眞5"의角바아의나열에서
육체에대한처분을센티멘탈리즘하였다.
목적이있지아니하였더니만큼冷靜하였다.
태양이땀에젖은잔등을내려쬐었을때
그림자는잔등前方에있었다.
사람은말하였다.
'저변비증환자는부자집으로식염을얻으려들어가고자
희망하고있는것이다'라고

이 상, 이상한 가역반응(異常한 可逆反應)

    시의 주제나 언어를 살펴보는 전통적 방법으로는 접근이 되지 않는 작품이다. 닥터 파우스트에 나오는 메피토텔레스라는 악마는 '인간은 인간의 이성으로 인하여 짐승보다 더 잔인한 존재가 된다'라고 하였다. 인류는 20세기 일차 세계 대전 등을 거치면서 메피스토의 증언이 옳은 것일지 모른다는 우려를 깊숙이 가지기 시작한다. 최선의 이성으로 발달시킨 과학은 보다 파괴력이 강한 무기를 만들었고 인간 살상의 정확성을 높이는데 결정적인 기여를 하였으며 인간의 합리성을 바탕으로 전개된 경제 이론은 세계를 경제 대공황에 빠트렸다. 무엇을 믿어야 하는가? 믿을 것은 오로지 한 가지. 이제까지의 세상이 잘못 되었다는 것이었다. 인류는 이 세상을 거둬 내고 새로운 세상을 만들기를 염원한다. 우선 이제까지의 것을 파괴해야 그 자리에 새로운 세상을 건설할 수 있을 것이다. 시는 무엇이었던가? 구절마다 언어의 함축적 의미를 담고 아름답게 포장하여 내적인 의미를 연결 시키는 것이 아니었던가? 그렇다면 그 의미와 아름다움을 거둬내야 했다. 그림은 선으로 된 형상과 과 색으로 되어있다. 그렇다면 선과 색과 형상을 거둬내야 한다. 음악은 선율과 화음이니 선율을 거둬내고 화음을 불협화음으로 만들어야 한다. 그렇게 모든 것을 파괴해야 다시 처음부터 새로 생각하고 만들 수 있을 것이다. 마치 헌 건물을 파괴해야 새로운 건물을 그 자리에 지을 수 있을 것이라는 것과 동일한 믿음이었다. 이 믿음을 다다이즘(Dadaism)이라고 한다. 뜻이 통하지 않는 단어들, 혐오스러운 단어들을 나열하고 독자와의 커뮤니케이션을 거부한다. 자동 기술법이라고 하여 걸어가며 생각나는 단어들을 그냥 나열한다. 누구나 시인이 될 수 있고 아무도 시는 알아 볼 수 없다. 변기를 전시장에 두고 'La Fontaine'라고 뒤섞은 이름을 붙였다. 우리 말로 바꾸면 샘물이다. 그런데 라퐁탠 하면 바로 떠오르는 것은 어린이 이야기 작가인 라퐁탠이 있다. 동화마저 파괴되는 것이다. 침묵이라는 제목으로 연주 내내 단 한 음도 내지 않는 침묵을 선보이기도 한다. 기괴한 행위와 기괴한 예술이 판을 친다. 그렇게 시간이 지나자 대안으로서의 예술들이 드디어 탄생하게 된다. 음악에서는 보다 다양한 화음과 12음계가 나왔고 미술에서는 다양한 추상화와 피카소가 나타났으며 우리 문학에서는 인간의 무의식과 심연을 그려내는 심오한 작품들이 탄생한다.

이상 역시 다다이즘과 초현실주의를 몸소 실천해 낸다. 당시 한국에 이러한 작가가 있을 수 있었다는 것은 문화 전파의 속도나 전파의 질로 보았을 때 도저히 불가능이었다. 그러나 이상은 천재였기에 자연스럽게 그 길을 간다. 구본웅 역시 천재였기에 기존 전통 공간을 왜곡시키는 현대적인 그림을 그려낸다.

과연 무엇을 발견하기 위함이었을까?

> 가야하나? 그럼 어디로 가나?
> 이때 뚜우 하고 정오 사이렌이 울었다. 사람들은 모두 네 활개를 펴고 닭처럼 푸드덕거리는 것 같고 온갖 유리와 강철과 대리석과 지폐와 잉크가 부글부글 끓고 수선을 떨고 하는 것 같은 찰나! 그야말로 현란을 극한 정오다. 나는 불현듯 겨드랑이가 가렵다. 아하, 그것은 내 인공의 날개가 돋았던 자국이다. 오늘은 없는 이 날개. 머릿속에서는 희망과 야심이 말소된 페이지가 딕셔너리 넘어가듯 번뜩였다.
> 나는 걷던 걸음을 멈추고 그리고 일어나 한 번 이렇게 외쳐 보고 싶었다.
> 날개야 다시 돋아라.
> 날자. 날자. 한 번만 더 날자꾸나.
> 한 번만 더 날아 보자꾸나.
>
> **이상, 날개, 1934**

뚜우 하고 정오의 싸이렌이 운다. 싸이렌 소리는 '어디로 가야 하는지' 방황을 하던 주인공에게 순간적으로 정신을 차리게 해주는 장치이다. 소리를 듣기 전까지 주인공은 자신의 생각에만 빠져 있었다. 주변을 돌아 볼 여유도 없이 자신에게만 집중되어 있었다. 그러나 사이렌 소리를 들은 주인공은 눈을 들어 주변과 세상을 살펴본다. 주인공의 눈에 사람들이 들어온다. 그들은 닭처럼 퍼드득 거리고 있다. 닭의 날개는 닭이 새였음을 기억하도록 하지만 결코 매처럼 날 수 있도록 해주지는 않는다. 즉 닭은 새의 본질을 잃은 새이며 닭의 날개는 본질을 잃은 날개인 것이다. 주변이 보이고 다시 자신에게로 시선이 돌아온다. 주인공은 자신 역시 날개가 자국으로 존재함을 발견한다.

세상과 나는 진정한 생명력이 없는 박제와도 같은 존재일 뿐이라는 사실을 발견한다. 나의 내면에 대한 진정한 발견이다. 제임스 조이스는 '젊은 예술가의 초상'에서 내적인 방황을 하던 주인공이 방황 끝에 갑작스럽게 자신을 찾아내는 것을 '에피퍼니(Epiphany)'라고 명명하였다. 이후 에피퍼니는 문학 장치를 가리키는 용어로 정착하였다. 이상이 조이스의 작품을 읽었을 리 만무하나 공간의 이동, 주인공의 고민 내용 등은 매우 유사하다. 그리고 날개의 주인공은 아주 전통적인 에피퍼니를 보여준다. 결국 에피퍼니란 나를 찾는 여정의 끝에서 마주치게 되는 '나'이다. 인간의 자아는 한 개가 아니다. 내 속에는 누구나 여러가지 태도를 가진 내가 있다. 이를 칸트는 호모 노르모와 호모 페노미노로 구별하였고 하이데거는 현존재와 실존으로 구별하였고 헤겔은 대자와 즉자로 구별하였다.

다른 나라의 땅을 차지하려고 지리상의 발견, 지구의 끝을 가려던 인간의 노력은 이제 자신을 발견하려는 내면에 대한 탐사를 함께 하게 된다.

> 내 속엔 내가 너무도 많아
> 당신의 쉴 곳 없네
> 내 속엔 헛된 바램들로
> 당신의 편할 곳 없네
> 내 속엔 내가 어쩔수 없는 어둠
> 내 속엔 내가 이길 수 없는 슬픔
>
> 한국 가요, 가시나무새 노래 : 시인과 촌장

3) 광야와 거울, 그리고 초록 사슴

교향곡 7번이었던 것으로 기억한다. 베토벤의 새로운 교향곡 초연은 늘 당시 귀족들에게는 중요한 사건이었다. 어느 귀족이 묻는다. "이번 곡은 현악기를 위한 것이라죠?" 베토벤은 "저는 한번도 악기를 위해서 작곡을 한 적은 없습니다. 늘 영혼을 위하여 작곡합니다." 과연 문학의 존재 이유는 무엇일까? 피곤한 현실을 직시하기 위한 것일까, 아니면 그 현실에서의 피곤함을 덜어 내기 위한 것일까? 아니면 둘 모두 예술의 어깨에 올려진 숙명일까?

> 머언 산 청운사(靑雲寺) 낡은 기와집
> 산은 자하산(紫霞山)봄눈 녹으면
> 느릅나무속잎 피어 가는 열두 굽이를
> 청노루 맑은 눈에
> 도는 구름
>
> 박목월, 청노루

> 매운 계절의 채찍에 갈겨
> 마침내 북방(北方)으로 휩쓸려 오다.
>
> 하늘도 그만 지쳐 끝난 고원(高原)
> 서릿발 칼날진 그 위에 서다. (중략)
>
> 이육사, 절정(絶頂)

'머언 산에 고즈넉한 낡은 기와집'과 '서릿발 칼날진 고원'이라는 두 공간에 대한 묘사는 극명한 대조를 이룬다. 목월 시인은 시선은 자신이 딛고 선 이 곳을 지나 먼 산을 향하고 있다. 육사 시인은 고원에 올라 자신이 밟고 선 이곳을 바라본다. 이곳은 겨울의 절정이요 하늘도 그만 지쳐 끝나버린 곳이리라. 육사는 그 사실을 그대로 인정하며 온 몸으로 부딪치려 한다. 목월 시인 역시 이곳이 서릿발 진 고원이라는 점에는 동의 할 것이다. 두 작품이 쓰여진 시기는 1940년 전후로 비슷하였던 만큼 현실인식에 큰 차이는 없었을 것이다. 그러나 두 시인이 생각하는 시의 존재 이유는 사뭇 달라 보인다.

두 시인의 이름은 모두 필명이며 실명은 아니다. 육사는 독립운동으로 일본 감옥에 갇혔을 때의 죄수 번호 64이며 목월은 나무와 달 또는 나무 달이라는 의미로 목가적이다. 이름이 가지는 상징성 만큼이나 그들의 시도 시선도 다르다.

죄수 번호를 자신의 필명으로 사용하는 육사의 시는 '매운 계절', '채찍', '서릿발 칼날' 등의 시어를 보이는 반면 목월의 시에는 '낡은 기와집', '청노루 맑은 눈' 등이 주요 시어이다. 육사에게 공간은 내가 있는 곳이요 현실을 반영하는 곳, 마치 르뽀 사진 속의 공간이라면 목월의 공간은 산수화 속의 공간과도 같다. 사진의 한 중심에는 눈을 맞고 추위에 떨면서도 붉고 충혈된 눈을 가진 육사가 서있을 듯하다. 그러나 목월의 산수화에는 목월은 없고 노루가 먼 하늘을 바라보며 선한 눈을 자랑한다. 지치고 힘든 시대를 살아가는 사람들에게 예술이 줄 수 있는 두 가지이리라.

또 다른 한 명이 이 시대를 함께 간다. 내 눈 밖에 펼쳐지는 공간보다는 내 내면의 세계를 살펴보며 힘든 삶의 원인을 밖에서 찾기 보다는 '나'에게서 찾는다.

그에게 세상은 어차피 힘든 곳이다. 중요한 것은 그 세상을 살아가는 내 마음과 태도가 더 중요하다는 논리이다.

> 창(窓) 밖에 밤비가 속살거려
> 육첩방(六疊房)은 남의 나라.
>
> 시인(詩人)이란 슬픈 천명(天命)인 줄 알면서도
> 한 줄 시(詩)를 적어 볼까. (중략)
>
> 인생(人生)은 살기 어렵다는데
> 시(詩)가 이렇게 쉽게 씌여지는 것은
> 부끄러운 일이다. (중략)
>
> 등불을 밝혀 어둠을 조금 내몰고,
> 시대(時代)처럼 올 아츰을 기다리는 최후(最後)의 나.
>
> 나는 나에게 작은 손을 내밀어
> 눈물과 위안(慰安)으로 잡는 최초(最初)의 악수(握手).
>
> 윤동주, 쉽게 쓰여진 시

시인에게 세계 인식은 '밤비가 속살거리는' 곳이지만 '남의 나라'라는 내가 뿌리를 내릴 땅은 아니다. 그러나 '나'는 이 어지러운 세상을 어지럽다고 하지 않고 편안해 지려는 자신을 발견한다. 육사가 어지러운 세상을 발견하고는 그 세상을 바꿔야겠다고 생각을 하는 것이나 목월이 그 어지러운 세상 너머로 독자와 힐링 캠프를 떠나는 것과 달리 윤동주 시인은 우선 자신을 채근한다. (이처럼 자신의 바른 삶을 강조하는 윤동주 시인의 이름 동주는 본명이다.)

> 파란 녹이 낀 구리 거울 속에
> 내 얼굴이 남아 있는 것은
> 어느 왕조의 유물이기에
> 이다지도 욕될까.
>
> 윤동주, 참회록

윤동주 시인의 시에서 공통적으로 발견되는 정서는 '부끄러움'이다. 이 부끄러움의 정체는 자신의 책임을 다하지 못한다는 (시인이 슬픈 천명이라 했던 시구를 기억해 보자.) 것인데 자아를 직시함으로써 얻어진 결론이다. 녹이 낀 구리 거울은 자신을 직시하기 위한 도구이다. 도구를 통해서 바라보는 자신은 보다 객관화된 자아일 것이다. 사실 누구나 자신을 위로하고 합리화 하며 살아가기 마련인데 '거울'을 보며 혹은 '우물'을 보며 (윤동주, 자화상)투영되는 자신을 판단한다는 것은 자아 연민도 합리화도 다 버리겠다는 의지의 표현일 것이다. 이 세상이 어지러운 것도, 그

어지러움이 나아지지 않는 것도 모두 자신에게 일말의 책임이 있다고 시인은 반성한다. 위의 두 시인과는 또 다른 입장이다.

　과연 문학의 존재 이유는 무엇일까? 나를 알기 위함일까? 세상에 굳건히 두 발을 딛고 현실을 인식하며 바꿔가려는 의지일까? 아니면 그 현실 너머를 바라보며 피안의 세계를 그려보는 것일까? 어떤 경우이든 현실을 살아가기란 상처를 담아가는 과정이라는 데는 세 시인 모두 동의를 하는 모양이다. 아픔이 있는 한 문학은 위의 세 가지 태도로 우리 곁을 지킬 것이다.

제 3 막
한국문학이 세계문학과 함께 갈 때

부록: IB 한국어 문학의 이해

문학 분석의 기초

주제 찾기 - 시대 정신에 대한 이해

우리는 왜 국어 시간이라는 익숙한 표현을 쓰지 않고 한국어라는 수업 명을 가지게 되었을까? 마치 애국가를 한국 국가라고 부르거나 태극기를 한국 국기 라고 할 때의 느낌이다. 왠지 더 낯설고 멀어진 느낌이다. 맞다. 한국어는 우리의 국어와 국문학을 보다 객관적인 위치 즉 세계문학 속의 하나로 놓고 본다는 의미로 생각할 수 있다.

문학은 인간의 이야기이다. 즉 세상 살아가는 이야기이다. 국제 사회를 경험한 여러분은 이미 몸으로 마으므로 체험하였을 것이다. 어느 나라든지, 어느 민족이든지 그들 고유의 문화와 특색을 가지고 있다는 것을. 그러나 동시에 느낀다. 차이점 만큼이나 전 세계가 공통점을 가지고 있다는 것을. 그래서 우리가 배우는 것은 한국어이다. 국제 교육이라는 범주에서는 국어보다는 한국어가 더 어울린다. 세상 속에서 한국 만이 가지는 고유의 특색을 살펴보는 동시에 우리가 가지고 있는 세계와 우리의 공통적인 문제점들을 논한다.

모든 문학 분석의 첫번째 임무는 그 글의 논지 즉 주제를 찾아내는 것이다. 위에서 언급한 한국어와 국어에 대한 논의에서 보여준 세계와 우리의 교집합 속에서 우리는 주제를 찾을 수 있다. 세계와 우리의 교집합에 존재하는 문제들이 IB에서는 '세계의 문제-Global Issues' 라고 부른다. 물론 이 용어는 IB에서 쓰고 있는 용어이고 인문학에서 이런 한 시대의 가장 중요한 질문을 '시대 정신 (Zeit Ghaist)' 라고 부른다. 우리가 갈아가고 있는 이 시대를 지배하는 가장 핵심어는 '공정'일 것이다. 대학 입시라는 세상의 입문에서도 늘 문제가 되는 것은 공정성이다. '채점은 올바로 되는 것일까? 우리 선생님은 과목별 IA성적을 공정하게 채점하였을까? 우리나라에서 어느 학생이 대학 진학을 한 것이 '아빠 찬스'라는 것이 밝혀지며 온 나라가 떠들썩 했다. 공정의 문제는 커가면서 더욱 예민하게 작용한다. 여러분이 더 커서 성인이 되어 취업을 하고 직장 생활을 할 때 여러분은 생각하게 될 것이다. 현재 취임 시장은 공정한 것인지, 이번 연봉 협상은 제대로 이루어진 것인지 등등. 다시 시대정신 이란 용어로 돌아가 보자. 현대 사회의 핵심이 되는 단어 중의 하나는 분명히 공정이다.

이 공정성이 한 사회에서 사회 구조적으로 흔들리는 문제들이 있다. 그것이 바로 차별이다. 인종차별, 성차별 등등이 바로 공정성을 헤치는 가장 특징적인 단어이다.

아이비에서는 공정성과 관계되는 아홉 가지 사례를 글로벌 이슈로 정하고 있다. 다라서 IB문학이 , 그것이 한국어든, 영어이든 프랑스어이든 중국어이 아이비 문학이 딛고 있는 본구 관념은 공정과 차별이라는 21세기에도 유용한 '시대정신' 을 그 중추로 삼고 있다. 인간으로 치면 시대정신은 골격과 같다.

이제 글의 핵심적인 아이디 그러니까,- 주로 주제를 이루는 가장 중요한 심지일 것인데—시대정신을 염두에 두고 글을 읽어보는 것이 좋다. 그렇다면 아이비 문학의 주제는 '공정성과 차별'이라는 큰 틀에서 찾아 낼 수 있을 가능성이 매우 크다. 여기에서 글로벌 이슈를 살펴보자. 시대 정신이라는 개념을 가지고 다시 보면 독자 여러분은 좀 다른 차원에서 이슈들을 이해할 수 있을 것이다.

아이비에서 규정하는 글로벌 이슈는 다음과 같다. 워낙 중요한 내용이라 IBO의 원문과 번역문을 함께 싣는다.

문화, 정체성 및 공동체

학생들은 텍스트가 가족, 계급, 인종, 민족, 종교, 성별 및 성적 지향과 같은 측면을 탐구하는 방식과 이러한 요소가 개인 및 사회에 미치는 영향에 초점을 맞출 수 있다. 가부장적 사회에서의 가족은 결코 공정한 의사결정을 할 수 없었다. 때로는 폭력이 압도했다. 가장은 자신의 아이를 죽일 권리까지 있었다. 숫 포유류는 자식 살해의 충동성을 가지고 있다. 이때 자식을 지켜주는 관계는 엄마와 이모이다. 개들의 사회도 사자의 사회도 모두 마찬가지이다. 그러니 아버지의 폭거에 모든 가족은 희생이 된다. 어머니가 자식을 지키려는 노력조차 가부장적 사회에서는 부도덕의 범주에 든다. 사회 계급은 어떨까? 계급이라는 단어 자체가 이미 차별을 이야기하고 있다. 인종 인들 다를까? 인종차별은 늘 역사의 정면에서 기능을 하였다. 히틀러에서 현재 미국의 정책까지.

또한 이주, 식민지주의 및 민족주의와 관련된 문제에도 초점을 맞출 수 있습니다. 젠더의 문제도 마찬가지이다. 양성평등이라는 용어 역시 불평등을 이야기한다. 왜? 인간의 '성'은 두 가지만 있지 않다. 들라누에라는 정치인이 파리 시장이 된다. 그가 자신이 게이라는 것을 커밍 아웃하는 순간 그의 인기는 상한가를 친다.

파리의 자유주의를 볼 수 있다. 한 사람의 정체성을 규정할 때 공통적으로 쓰이는 것이 바로 젠더 인종 나이 등이다. 그러니 인간의 정체성은 언제 차별의 나락으로 떨어질 지 모르는 크래바스와도 같다. IBO가 제공하는 설명도 함께 읽어보자. 좀 싱겁지만.

Culture, identity and community

Students might focus on the way in which texts explore aspects of family, class, race, ethnicity, nationality, religion, gender and sexu-ality, and the way these impact on individuals and societies. They might also focus on issues concerning migration, colonialism and nationalism.

믿음, 가치 및 교육

우리는 무엇을 배우는가? 우리가 배우는 것은 '가치 있는 것'들이다. 무가치한 것을 학습하기 위하여 노력하는 것은 비극이다. 주로 살아 펄떡이는 것들이 가치가 있다. 지식도 그러하다. 살아 있는 지식이란 나의 삶에 적용이 되고 타인과 나눌 수 있어야 한다. 한국 교육이 늘 지적 받는 부분이 이 부분이다. 한국 교육에서의 지식은 박제가 된 지식이기 때문이다.

우리는 문학을 통하여 인생의 가치 있는 지식을 체험한다. 지식을 살려 체험할 수 있도록 하는 것을 문학적 장치라고 일컫는다. 이글을 쓰며 생각해본다. 나는 이 글을 왜 쓰고 있을까? 끊었던 담배까지 다시 피워가면서. 이유는 간단하다. 이 글을 읽는 사람에게 문학이 살아 숨쉬며 그 가치 있음을 나누기 위하여서 일 것이다. 나눌수록 지식은 싱싱해진다. 이 가치에 대한 믿음이 삶의 질을 결정한다. 이 모든 기나긴 여정을 우리는 교육이라 부르며 인류가 탄생하면서부터 이제까지 교육은 늘 있어 왔다. 인간 공동체는 조금씩은 다른 가치체계와 믿음을 가지고 있다. 이 차이에 대해서 좀더 깊게 생각해보고 다양성이 존재할 수 있는 지혜를 찾아보자.

Beliefs, values and education

Students might focus on the way in which texts explore the beliefs and values nurtured in particular societies and the ways they shape individuals, communities and educational systems. They might also explore the tensions that arise when there are conflicts of beliefs and values, and ethics.

정치, 권력 및 정의

학생들은 텍스트가 권리와 책임, 정부 및 기관의 작동과 구조 등을 탐구하는 방식에 초점을 맞출 수 있다. 또한 권력의 계급 구조, 부와 자원의 분배, 법과 정의의 한계, 평등과 불평등, 인권 및 평화와 갈등에도 집중을 하여야 한다.

Politics, power and justice

Students might focus on the ways in which texts explore aspects of rights and responsibilities, the workings and structures of gov-ernments and institutions. They might also investigate hierarchies of power, the distribution of wealth and resources, the limits of justice and the law, equality and inequality, human rights and peace and conflict

예술, 창의력 및 상상력

학생들은 텍스트가 미적 영감, 창작, 장인 정신, 아름다움 등의 측면을 탐구하는 방식에 초점을 맞출 수 있다. 또한 예술을 통해 인식을 형성하고 도전하는 방식, 그리고 사회에서 예술의 기능, 가치 및 효과에도 집중할 수 있다.

Art, creativity and the imagination

Students might focus on the ways in which texts explore aspects of aesthetic inspiration, creation, craft, and beauty. They might also focus on the shaping and challenging of perceptions through art, and the function, value and effects of art in society

과학, 기술 및 환경

학생들은 텍스트가 인간과 환경 간의 관계 및 기술과 미디어가 사회에 미치는 영향에 대해 탐구하는 방식에 초점을 맞출 수 있다. 또한 과학적 발전과 진보에 대한 아이디어에도 초점을 맞출 수 있다.

Science, technology and the environment

Students might focus on the ways in which texts explore the rela-tionship between humans and the environment and the implica-tions of technology and media for society. They might also consider the idea of scientific development and progress. In selecting the global issue for their oral, students must be careful not simply to select from the broad fields of inquiry above, but to determine a specific issue for discussion that can be reasonably explored.

아이비 모국어 과정의 평가 주제는 위의 다섯 범주 내에서 이뤄진다. 그런데 아이비에 이야기하는 것은 위의 다섯 범주 내에서 어느 하나의 특정한 주제를 구체적으로 정하도록 되어 있다. 즉 위의 정체성 문화 공동체를 고른다면 젠더 문제라든가 인종 문제 등 하위 주제를 골라야 한다. 최근 3년간 IB paper1은 위의 첫번째 범주에서 출제 되었다

이제 IB 문학의 학습 내용을 세부적으로 살펴보자. 아래의 글은 IB가이드북을 번역하며 보다 실감나게 해석을 한 것이다.

1. 무엇을 배우는가?

학생들은 세계문학작품 중 세 작품을 공부한다. 여기서 세 작품이란 장편소설 분량 세 편을 의미한다. 따라서 시라면 시집(HL은 4작품)으로 3권에 해당하고 단편소설은 단편소설 3편이 장편 한 편에 해당한다. 그런데 이 세계문학의 작품은 외국 작품이되 한국어로 번역이 되어 출판된 책에 한하여 학교에서 선택할 수 있다.

또한 한국 고유의 작품도 최소 4편 이상 (HL 5편 이상)학습해야 한다. 이 책드은 모두 IBO에서 작성 배포하는 작품집들 중에서 선택한다. 반면 학교별로 언어와 아이비의 도서 목록에서 해방이된채 학교애서 마음껏 고를 수 있는 자유선정 도서가 2편까지 가능하다. 결론적으로 SL은 4편의 한국 문학 포함 9권을 학습하고 HL은 13편의 작품을 공부한다.

2. 무엇을 어떻게 평가하고 채점하는가?

가장 교과서적으로 나눈다면 평가는 각 학교 별로 평가하는 'IA'와 'IBO(IB본부)에서 평가하는 시험(파이널시험을 의미한다.)'으로 나뉜다. 두 평가의 가장 큰 차이는 IBO의 시험은 에세이 형식인데 반하여 학교 평가는 프레젠테이션에 가까운 형태이다. 좋은 점은 학교에서 꼼꼼하게 배운 작품에서 본인이 원하는 부분으로 프레젠테이션을 할 수 있다는 점이다. 한국에서의 시험과는 방식이 사뭇 달라서 잘 이해가 안 갈 수도 있다. 그래서 예를 들어 설명하려고 한다. 우리 모두가 아는 현진건의 '운수 좋은 날'을 학교에서 배웠다면 수험생은 운수 좋은 날 중 자신이 가장 인상 깊었던 곳 한 페이지 정도를 선택한다. 아내가 끝에 가서 숨을 거둔 곳이든, 오늘따라 유난히 돈벌이가 잘 된다고 주인공인 김첨지가 좋아는 장면이든 수험생이 선택한다. 작품은 이미 몇달 전에 선정이 되어 있으니 미리 준비하기에 시간이 모자랄 수는 없다. 다만 아이비에서 원하는 방향성에 대한 이해 부족으로 우왕좌왕 하다가 아까운 시간을 허비하는 경우는 자주 목격이 된다. 아이비가 원하는 방향이란 늘 이야기 하는 것이지만 바로 '독자의 반응'을 염두에 두고 에세이를 작성해야 한다는 점이다. 독자의 입장에서 분석한다는 것은 프로 평론가들에게도 결코 쉬운 일이 아니다. 따라서 학생 여러분이 완벽하게 글을 쓸 것이라고 생각하지는 않는다. 다만 좋은 시도는 있어야 한다. '운수 좋은 날'로 다시 가보자. 김첨지의 부인이 먹고 싶었던 것은 설렁탕이었다. 이 음식이 설렁탕이 아니고 다른 음식이었다면? 느낌은 사뭇 다를 것이다. 탕수육이 먹고 싶다거나 비프 스테이크가 먹고 싶다고 했다면? 설렁탕과는 전혀 다르다. 한국인에게 국밥은 소울 푸드(Soul Food)의 가치를 지닌다. 너무나도 평범하지만 세대를 건너 여전히 사랑 받는 음식이라는 점을 집중해서 볼 필요가 있다. 우리는 지금 전혀 다른 시대에 살고 있지만 여전히 이 작품이 이야기 되고 사랑받는 이유는 우리 독자 입장에서 봤을 때 여전히 세대를 건너 사랑받고 이해 받을 수 있는 가치를 우리에게 설득력 있게, 체험 가능하게 다가오기 때문이다. 여기서 체험 가능하다는 것은 누구나 설렁탕을 안다는 것이고 고소한 고기 향과 보얀 국물 그리고 포기할 수 없는 소면. 갓 담은 맛 김치와 잘 익은 깍두기(혹은 석박지)를 곁들일 때 그 따뜻한 국물은 몸만 녹여주는 것이 아니라 마음까지 녹여준다. 우리는 체험적으로 알고 있다. 이 때 설렁탕은 독자입장에서 분석이 된 것이다. 비극성을 더욱 진하게 하는 페이소스를 발견하고 설명하기 어렵지 않다. 다만 그 생각을 해내고 어떻게 문장으로 옮길지가 어려울 터이니 그에 대한 연습이 필요할 분이다. 천재는 연습을 안하고 완성을 하는 존재가 아니라 천재에게 어울리는 노력을 할 분이다.

    한국어에서 6점과 7점이 나뉘는 분기점이 여기에 존재한다. 좋은 시도가 있다면 여러분은 여러분의 노력에 합당한 결과를 얻게 될 것이다.

이제까지 우리는 세 가지의 중요한 점을 살펴보았다.

첫번째로 아이비의 주제는 시대정신을 반영하는 사상이라는 점이다. 두번째로 살펴 본 것은 아이비의 시대정신은 글로벌 이슈와 밀접한 관계성을 가진다는 점이다. 마지막 세 번째 살펴 본 것은 아이비 모국어 과정의 결정적인 특질로 독자의 반응에 집중할 필요가 있다는 것이다.

부록 : IBO가라사대, IB 모국어 과정은 이렇게 구성되나니

아래는 IBO 에서 제공하고 있는 모국어 과정-한국어이든 영어이든 소위 Language A 1 이라고 지칭되는 과정에 대한 해설을 인용하고 그에 대한 자세한 해설을 덧붙여 여러분의 모국어 과정에 대한 이해를 높이고자 한다. 이 부록에서 필자에 의하여 해석이 되는 부분은 사족이라는 이름으로 글이 쓰여져 있다.

1. IB 모국어 과정의 종류 및 개요

IB의 모국어 과정에는 세 갈래의 과정이 있으며 학생들은 이 중 한 가지를 선택한다. 여기서 세 가지 과정이란 1) 문예창작 2) 문학 3)문학과 언어(비문학)의 세 가지를 의미한다. 이 과정 모두 교사와 학생들에게 문학 텍스트가 언술될 수 있는 다양한 방법을 학습하도록 장려한다. 이를 통하여 학습자들은 다양한 형태의 문학 텍스트가 가지는 극적인 본질과 작가가 그 안에서 목소리, 말, 소리를 사용하는 방식, 그리고 극적인 구조를 탐구할 것이다. 교수 및 학습 활동에는 텍스트의 라이브 및 녹화 된 언술행위 또는 텍스트의 적용을 수용하는 것 뿐만 아니라 적절한 경우 교실에서 언어행위의 접근 방식을 사용하는 것이 포함될 수 있다. 연극 이외의 문학 형태에 언술을 적용할 수 있는 몇 가지 방법은 다음과 같다:

- 소설의 서사와 대화의 수행적 본질, 시의 목소리와 화자 검토
- 다양한 형태의 많은 텍스트, 특히 시에서 리듬과 소리의 사용
- 문학의 서면 및 구두 형태, 드라마 대본과 공연된 연극, 시와

음악, 소설과 스토리텔링 간의 관계
- 서면 텍스트와 해당 텍스트의 극적인 각색 및 변형 간의 관계 (예: 모든 종류의 서사 텍스트를 영화, 텔레비전 및 무대에 각색하는 경우, 시와 소설의 라이브 낭독)
- IB 디플로마 프로그램(DP)의 요구 사항을 충족하기 위해 학생들은 언어 및 문학 그룹 연구의 세 가지 과정 중 하나를 이수해야만 한다. 언어 A: 문학 과정과 언어 A: 언어 및 문학 과정은 모두 표준 레벨(SL)과 상위 레벨(HL)에서 제공된다. 언어 및 문학 연구와 예술을 연결하는 학제 간 과목인 문학 및 공연은 SL 과정으로만 제공된다.

사족1

간혹 듣는 질문은 대학을 갈 때 한국어를 하면 불리하지 않은가 하는 것이다. 미국 사람들이 영어 공부하거나 프랑스 사람들이 고등학교에서 프랑스문학을 공부한다고 이상하게 보거나 편법이라고 보는 사람은 없을 것이다. 그런데 한국어를 공부하고 한국 문학을 공부하는 것이 왜 밑 보인다는 말일까? IBO에서 가장 공들이는 과정은 바로 모국어 과정의 정확한 이수이다. 염려 말고 선택하자.

2. 문학과정 상세히 보기

학생들은 텍스트 비평에 대한 다양한 접근 방식을 채택하여 문학 텍스트에만 집중할 것이다. 학생들은 문학의 본질, 문학 언어 및 텍스트의 미적 기능, 문학과 세계 간의 관계를 탐구한다.

사족 2

여기에서 두 가지를 생각해보자.

우선 생각 할 것은 문학에서 또는 예술에서 아름다움은 무엇인가 하는 것이다.

시 A : 내 마음은 호수요

시 B : 헬리콥터는 서러운 동물이다.

위의 두 시에서 일견 아름다워 보이는 것은 시 A 이다. 마음이라는 단어도 호수라는 단어도 곱다. 아름답다. 아래의 헬리콥터 이야기는 무슨 말인지도 알기 힘들다. 시인의 눈에 헬리콥터는 육중한 몸으로 이륙하지만 자유를 누리기는 커녕 곧 다시 땅으로 돌아올 운명이다. 우리는 자유로운 존재이기를 바라지만 결코 중력을 이기지는 못한다. 다시 땅의 구속을 돌아 와야 하는 서러운 동물인 것이다. 이제 다시 아름다움을 생각해보자. 위의 시가 예쁘다면 아래의 시는 아름답다, 문학 혹은 예술에서 아름다움이란 나의 마음을 움직이는 그 무엇이다. 이를 감동이라고 한다. 감동에서 동은 움직일 동이다. 내 마음을 움직이는 힘, 그것이 아름다움이다. 유럽언어로는 emotion이다. 역시 motion이 들어있다. 신기하게도 똑같이 마음을 움직이는 힘이 아름다움이다. 그저 예쁜 것이 아니라.

두번째 질문은 문학과 세계와의 관계이다.

소설이 한편 있다고 치자. 한국인 최초로 노벨상을 수상한 한강 작가의 '소년이 온다.' 라는 작품은 분명히 한강 작가의 작품이다. 그러나 1980년 광주가 그 창작에 차지하는 지분은 없을까? 작가의 세계를 만든 것은 분명 그 시대와 그 공간이다. 마치 나무와도 같다. 나무는 분명히 나무지만 그 나무의 속성은 바람과 태양과 땅이었을 것이다. 그렇다. 그 작품이 탄생하게 된 시간과 공간. 이 두 가지가 작품의 내적 구조이자 작가의 공저자 쯤 된다.

문학 모델은 SL과 HL에서 동일하지만, 레벨 간에는 상당한 양적, 질적 차이가 있다. SL 학생은 9개의 작품을 공부해야 하는 반면, HL 학생은 13개의 작품을 공부해야 한다. Paper 1에서는 SL과 HL 학생 모두 서로 다른 문학 형식의 이전에 보지 못한 두 개의 문학 발췌문 또는 텍스트와 함께 유도질문을 받는다. SL 학생은 이 중 하나에 대한 안내 분석을 작성해야 하는 반면, HL 학생은 두 문학 발췌문 또는 텍스트 모두에 대한 안내 분석을 작성해야 한다. 또한 HL 학생은 네 번째 평가 요소인 HL(상위 레벨) 에세이를 가지며, 이는 학생들이 학습된 문학 텍스트 또는 작품과 관련하여 탐구할 탐구 라인을 요구하는 서면 과제이다. 결과는 1,200~1,500단어의 에세이로, HL 학생은 문학 연구의 본질에 대한 더 깊은 이해를 보여줄 것으로 예상된다. SL과 HL의 구분은 아래에 요약되어 있다.

SL(Standard level) 과 HL (Higher level) 의 학습할 작품 선정 기준

- 지정 독서 목록에 있는 저자가 번역하여 쓴 작품
  - SL : 최소 3개의 작품 연구
  - HL: 최소 4개의 작품 연구
- 선택한 모국어 언어를 원본으로 작품, (지정 독서 목록에 있는 저자의 작품이어야 함)
  - SL: 최소 4개의 작품 연구

- HL: 최소 5개의 작품 연구
• 자유 선택 작품
- SL: 자유롭게 선택한 2개의 작품 연구
- HL: 자유롭게 선택한 4개의 작품 연구
• 총 연구 작품 수
- SL: 9 작품
- HL: 13 작품

* 강의 계획서 구성은 아래의 요소를 포함하여야 한다.

• **독자, 작가 및 텍스트**

작품은 다양한 문학 형식에서 선택된다. 작품 연구는 문학 텍스트, 독자 및 작가 간의 관계뿐만 아니라 문학의 본질과 그 연구에 초점을 맞출 수 있다. 이 연구에는 독자의 반응과 문학 텍스트가 의미를 생성하는 방식에 대한 조사가 포함된다. 초점은 문학 텍스트의 세부 사항에 대한 개인적이고 비판적인 반응의 개발에 있다.

• **시간과 공간**

작품은 다양한 역사적 및/또는 문화적 관점을 반영하도록 선택된다. 그들의 연구는 문학 텍스트의 맥락과 문학 텍스트가 사회 전반을 반영하고 형성할 수 있는 다양한 방식에 초점을 맞춘다. 초점은 개인적 및 문화적 관점의 고려, 더 넓은 관점의 개발, 그리고 맥락이 의미와 어떻게 연결되는지에 대한 인식에 있다.

• **상호텍스트성: 텍스트 연결**

학생들에게 연구를 확장하고 유익한 비교를 할 기회를 제공하기 위해 작품이 선택된다. 그들의 연구는 과정 전반에 걸쳐 소개된 다양한 주제, 주제 관심사, 장르적 관습, 문학 형식 또는 문학 전통을 탐구할 가능성이 있는 문학 텍스트 간의 상호텍스트적 관계에 초점을 맞춘다. 초점은 문학 텍스트 간의 복잡한 관계에 대한 이해에 기반한 비판적 반응의 개발에 있다.

- 총 수업 시간
    - SL: 150
    - HL: 240

각 탐구 영역에 대해 표시된 시간은 규범적이거나 제한적이지 않으며, 텍스트 연구에서 영역 간에 많은 중복이 있을 수 있다. 각 영역에서 선호하는 텍스트 접근 방식 유형 간의 균형을 보장하기 위해 수업 활동을 신중하게 계획해야 한다. 권장 수업 시간은 상위 레벨(HL) 과정을 완료하는 데 240시간, 표준 레벨(SL) 과정을 완료하는 데 150시간이다.(일반 규정: 디플로마 프로그램, 8.2조 참조).

외부 평가 SL, HL

- Paper 1
    - 이전에 보지 못한 문학 구절에 대한 응답은 학생들이 문학 형식에 대한 지식과 이해를 보여주고, 텍스트 또는 발췌문에 대한 자신만의 해석을 확립하고 결론에 도달하는 능력을 보여 줄 것을 요구한다.
- Paper 2

- 두 작품에 대한 에세이는 학생들이 작품에 대한 지식과 이해를 보여주고, 주어진 초점과 관련하여 그 함의, 유사성 및 차이점을 해석할 것을 요구한다.
- **내부 평가**
- 학생들은 연구 과정의 두 작품에 대한 지식과 이해를 보여주고 글로벌 문제와 관련하여 해석할 것을 요구한다.
- **HL(상위 레벨) 에세이**
- 학생들은 학습된 문학 텍스트 또는 작품 중 하나에 대한 지식과 이해를 보여주고, 자신이 선택한 탐구 라인과 관련하여 해석할 것을 요구한다.

3. 언어와 문학 과정 상세보기

이 과정에서 학생들은 다양한 미디어에서 광범위한 문학 및 비문학 텍스트를 공부할 것이다. 문학 형식과 텍스트 유형 전반에 걸친 의사소통 행위를 적절한 보조 자료와 함께 검토함으로써 학생들은 언어 자체의 본질과 언어가 정체성 및 문화에 미치는 영향 및 그에 의해 영향을 받는 방식을 탐구할 것이다. 이 과정의 연구 접근 방식은 광범위하며 문학 이론, 사회언어학, 미디어 연구 및 비판적 담론 분석 등을 포함할 수 있다.

언어 및 문학 연구 및 국제적 사고방식

국제적 사고방식은 IB의 핵심이다. 이는 IB의 철학의 중심이며, IB의 교육 원칙과 관행에 영감을 주고 정보를 제공한다.

언어 및 문학 연구는 자신과 타인과의 관계에 대한 인식과 이해를 개발하는 데 도움이 된다. 연구되는 언어로 원본으로 쓰여진 텍스트와 번역된 텍스트의 연구를 통해 학생들은 다른 언어와 문학이 세계를 나타내는 방식과 이들이 다양한 정체성을 반영하고 형성하는 방식을 이해하게 된다. 학생들은 또한 세계의 표현이 문화마다 다르다는 것을 인식하고 그 이유를 고려하도록 장려되어 사람들이 세계를 경험하고 표현하는 방식에 대한 더 나은 이해를 얻을 수 있다.

언어 및 문학 연구의 강의 계획서는 정해진 수의 텍스트를 번역하여 읽어야 하며, 선택된 텍스트는 다양한 관점을 대표해야 한다고 권장한다. 지정 독서 목록을 만들 때 IB는 다양한 작가를 포함하고 정통 작가와 현대 작가, 남성 및 여성 작가, 그리고 언어가 다양한 지역과 국가에서 사용되는 경우 다른 지역과 국가의 작가 간에 가능한 한 공평한 균형을 달성하려고 노력했습니다. 지정 독서 목록은 교사들이 유사한 균형을 이루고 따라서 학생들이 인간 경험이 취할 수 있는 다양한 형태를 충분히 이해할 수 있도록 하는 수업 연구 작품 컬렉션을 선택하도록 영감을 주고 격려하는 것을 목표로 한다.

언어 및 문학 과정 연구가 학생들의 국제적 사고방식 개발에 기여하는 방식은 IB 학습자 프로필의 속성 개발에 기여하는 방식과 연결된다. 자신의 관점과 다를 수 있는 관점을 제공하는 텍스트를 읽음으로써 학생들은 다음과 같이 할 것이다:

- 텍스트에 전달되는 경험의 본질과 그러한 경험이 전달되는 방식을 이해하기 위해 비판적 사고 기술을 사용한다. (사상가).

- 텍스트에 나타난 삶의 다양한 견해와 경험과 관련하여 호기심을 키웁니다(탐구자).
- 이전에 알지 못했을 수 있는 글로벌 중요성의 문제와 아이디어에 참여한다(지식인).
- 다른 사람들의 아이디어, 가치 및 전통을 탐구하는 방식으로 존중하도록 장려된다(개방적인). 전 세계 사람들의 존엄과 권리가 존중되어야 함을 이해한다(원칙적인).
- 다른 사람들에게 공감, 연민 및 존경을 보인다(배려하는).
- 사람들과 사람들과 그들이 사는 세상 간의 상호 의존성을 인식한다(균형 잡힌).
- 다른 개인 및 그룹의 관점에 주의 깊게 귀 기울이고 자신의 관점을 가능한 한 명확하게 표현한다(의사소통자).
- 세상에 대한 자신의 견해를 질문한다(성찰적인).
- 그러한 견해를 변화시키는 데 개방적이며 이러한 변화가 어떻게 행동으로 이어질 수 있는지 고려한다(위험을 감수하는).

언어 및 문학 과정 연구는 학생들이 자신의 개인적인 세계와 개인적인 정체성 및 관계가 텍스트에 어떻게 표현되는지, 그리고 이들이 주변 현실에 대한 자신의 관점과 어떻게 관련되는지 검토할 수 있는 다양한 기회를 제공한다. 또한 다른 현실과 다른 사람들의 표현을 경험할 수 있도록 하여 학생들이 자신의 관점과 다를 수 있는 세계의 관점에 익숙해질 수 있도록 한다. 이러한 방식으로 언어 및 문학 과정 연구는 학생들이 지역과 글로벌 간의 상호 작용에 대해 더 깊이 성찰할 수 있는 기회를 제공하고 문화 간 비판적 사고와 의식을 함양한다.

표현과 같은 다양한 기술 습득 기회를 제공한다. 특정 과정의 선택은 학생과 교사의 관심사 및 학생의 미래 교육 목표에 따라 달라진다.

언어 및 문학 연구의 모든 과목의 목표는 학생들이 다음을 할 수 있도록 하는 것이다:

1. 다양한 미디어와 형식, 다른 시대, 스타일 및 문화의 다양한 텍스트에 참여한다.
2. 듣기, 말하기, 읽기, 쓰기, 보기, 발표 및 공연 기술을 개발한다.
3. 해석, 분석 및 평가 기술을 개발한다.
4. 텍스트의 형식적 및 미적 품질에 대한 민감성을 개발하고 이들이 다양한 반응에 기여하고 여러 의미를 여는 방식을 이해한다.
5. 텍스트와 다양한 관점, 문화적 맥락, 지역 및 글로벌 문제 간의 관계를 이해하고 이들이 다양한 반응에 기여하고 여러 의미를 여는 방식을 이해한다.
6. 언어 및 문학 연구와 다른 분야 간의 관계를 이해한다.
7. 자신감 있고 창의적인 방식으로 의사소통하고 협력한다.
8. 언어와 문학에 대한 평생의 관심과 즐거움을 키운다.

언어 및 문학 과정 연구는 학생들이 모든 유형의 텍스트를 유연하고 비판적인 독자로 만들기 위해 분야의 핵심 개념에 참여하는 개념 학습 개념을 기반으로 한다. 이 모델은 언어 및 문학 연구의 세 가지 과정, 주요 연구 주제, 핵심 개념, 그리고 IB 디플로마 프로그램(DP)의 핵심 원칙과 어떻게 관련되는지를 나타낸다.

- 읽음으로써 구성되는 지식에 대해 얼마나 확신할 수 있는가?
- 문학 텍스트를 읽음으로써 구성하는 지식의 상당 부분이 작가의 의도, 독자의 문화적 가정, 그리고 독자 공동체에서 텍스트에 대해 중요하게 여겨지는 목적에 의해 결정되는가?
- 문학 텍스트에 대한 어떤 해석이 다른 것보다 더 나은가? 여러 해석은 어떻게 가장 잘 협상되는가?
- 문학에 대한 반응을 설명하는 데 좋은 증거는 무엇인가?

시간과 공간

> 세계 문학의 궁극적인 경계는 독자의 마음속에서 작품의 상호 작용에서 발견되며, 독자가 한 책을 다른 책 대신 집어 들고 읽기 시작하여 새로운 세계로 저항할 수 없이 끌려들어 갈 때마다 새롭게 재구성된다.
>
> 데이비드 담로시, 2009

이 탐구 영역은 문학 텍스트가 진공 상태에서 생성되거나 수신되지 않는다는 생각에 초점을 맞춘다. 그것은 시간과 공간에 걸쳐 문학 텍스트가 쓰여지고 읽히는 다양한 문화적 맥락과 문학 자체가 그 내용에서 세계 전반을 반영하는 방식을 탐구한다. 학생들은 문화적 조건이 문학 텍스트의 생산을 어떻게 형성할 수 있는지, 문학 텍스트가 문화적 조건을 어떻게 반영하거나 굴절시킬 수 있는지, 그리고 문화와 정체성이 수용에 어떤 영향을 미치는지 검토할 것이다.

학생들은 문학 텍스트가 다양한 문화적 및 역사적 관점에서 어떻게 표현되고 이해될 수 있는지 탐구할 것이다. 그들의 탐구를 통해 학생들은 텍스트, 자아 및 타인 간의 관계의 역할과 지역과 글로벌이 연결되는 방식을 인식할 수 있을 것이다. 이러한 관계는 복잡하고 역동적이다. 작가의 배경과 청중의 구성은 반드시 명확하거나 쉽게 설명될 수 있는 것이 아니다. 문학 텍스트는 특정 맥락에 위치하며 주어진 시간과 장소에 특정한 사회적, 정치적, 문화적 관심사를 다루거나 나타낸다. 예를 들어, 현대 사회의 작가의 관심사를 다루기 위해 쓰여진 작품은 고대에 배경을 둘 수 있다. 지리적으로 분리된 문화는 풍습이나 아이디어를 공유할 수 있는 반면, 가까이 사는 사람들은 다른 전통을 받아들일 수 있나. 학생들은 이러한 복잡한 사회적 틀 내에서의 의사소통의 복잡성과 변화하는 맥락에서 생산되고 읽힐 때 언어와 텍스트가 갖는 의미를 고려할 것이다.

• Paper 1
- 학생들은 공식적인 에세이에 적합한 언어를 사용하여 공식적이고 잘 조직되고 잘 집중된 분석을 작성해야 한다.

• Paper 2
- 학생들은 잘 조직되고, 두 작품 간의 균형 잡힌 비교를 제공하며, 주어진 질문에 명확하게 초점을 맞춘 공식적인 에세이를 작성해야 한다.

• 내부 평가
- 학생들은 자신이 선택한 글로벌 문제에 초점을 맞춘 잘 조직되

고, 일관성 있으며, 설득력 있고, 균형 잡힌 구두 발표를 해야 한다.

- **HL 에세이**

– 학생들은 문학 텍스트 또는 작품과 관련하여 탐구 라인을 탐구하는 공식적인 에세이를 작성해야 한다. 에세이는 형식적이고 잘 구성되어야 하며, 좋은 인용 및 참조 기술을 보여주어야 한다.

4. 문학 및 공연 과정 개요

학생들은 문학과 공연의 필수 요소를 연구하고 그 역동적인 관계를 탐구할 것이다. 이 과정에서 학생들은 전통적인 문학 분석과 공연의 실제적, 미적, 상징적 요소를 통합할 것이다.

1) 알고, 이해하고, 해석한다:

– 다양한 텍스트, 작품 및/또는 공연, 그리고 그 의미와 함의

– 텍스트가 작성되거나 수신되는 맥락

– 문학적, 문체적, 수사적, 시각적 및/또는 공연 기술 요소

– 특정 텍스트 유형 및 문학 형식의 특징

2) 분석하고 평가한다:

– 언어 사용이 의미를 생성하는 방식

– 문학적, 문체적, 수사적, 시각적 또는 연극적 기법의 사용 및 효과

– 서로 장르가 다른 텍스트 간의 관계

– 텍스트가 인간의 관심사에 대한 관점을 제공할 수 있는 방식

3) 의사소통을 한다:

– 명확하고 논리적이며 설득력 있는 방식으로 아이디어

– 다양한 스타일, 레지스터 및 다양한 목적과 상황에 맞게

- (문학 및 공연에만 해당) 공연을 통해 아이디어, 감정, 캐릭터 및 분위기

> 모든 텍스트는 인용문의 모자이크로 구성된다. 모든 텍스트는 다른 텍스트의 흡수 및 변형이다.
>
> **줄리아 크리스테바 (1980)**

　이 탐구 영역은 상호텍스트적 관심사 또는 다양한 문학 텍스트, 전통, 창작자 및 아이디어 간의 연결에 초점을 맞춘다. 그것은 학생들이 개별 문학 텍스트의 고유한 특성과 복잡한 연결 시스템 모두에 대한 더 깊은 이해를 얻을 수 있도록 문학 텍스트의 비교 연구에 초점을 맞춘다. 과정 전반에 걸쳐 학생들은 문학 텍스트 간의 유사점과 차이점을 볼 수 있을 것이다. 이 영역은 교사가 설정하거나 수업 또는 학생 그룹과의 긴밀한 대화를 통해 설정된 작품 그룹 연구를 통해 문학적 관심사, 예시, 해석 및 읽기를 추가로 탐구할 수 있도록 한다. 학생들은 텍스트가 다른 텍스트를 읽는 데 비판적인 렌즈를 제공할 수 있는 방식과 텍스트를 확장하거나 다른 관점을 제공함으로써 텍스트의 해석을 지원하거나 의문을 제기할 수 있는 방식에 대한 인식을 얻게 될 것이다.

- **상호텍스트성:**
- 텍스트 연결은 다음과 같은 다양한 방식으로 접근할 수 있다.
- 동일한 문학 형식의 작품 그룹 연구(예: 소설, 비소설, 시 및 드라마)
- 해당 문학 형식 내의 하위 범주 연구(예: 소설, 코미디, 소네트, 에세이)

- 문학 텍스트 전반에 걸쳐 나타나는 주제 탐구(예: 권력, 영웅주의, 성별)
- 다른 텍스트가 동일한 개념을 다루는 방식 연구(예: 표현, 정체성, 문화)
- 한 문학 텍스트가 다른 문학 텍스트에 대한 언급이 둘 모두의 의미에 어떻게 영향을 미치는지 분석(예: 작가가 다른 작가의 작품에 대한 명시적인 상호텍스트적 참조)
- 이론적인 문학적 조사(예: 문학적 가치 또는 비판적 관점)

이 탐구 영역은 학생들에게 문학 텍스트가 과거와 현재의 다른 문학 텍스트와의 관계 시스템에서 어떻게 존재하는지에 대한 감각을 제공하는 것을 목표로 한다. 학생들은 다음 안내 개념 질문을 고려하여 문학적 전통과 새로운 방향을 더욱 탐구할 것이다.

- 문학 텍스트는 문학 형식과 관련된 관습을 어떻게 따르고 벗어나는가?
- 관습과 참조 시스템은 시간이 지남에 따라 어떻게 진화하는가?
- 다양한 문학 텍스트는 어떤 방식으로 유사점을 공유할 수 있는가?
- "고전" 문학 텍스트의 개념은 얼마나 유효한가?
- 문학 텍스트는 단일 문제, 주제 또는 테마에 대한 여러 관점을 어떻게 제공할 수 있는가?
- 비교 및 해석은 어떤 방식으로 변형적일 수 있는가?

이 영역의 연구 및 작품 선택은 학생들이 다양한 장소, 문화 및/또는 시대의 텍스트와 문제를 탐구할 수 있도록 해야 한다. 작가의 문화, 전기, 역사적 사건 또는 비판적 수용의 서술을 고려하고 연구할 수 있지만, 연구의 초점은 문학 텍스트 자체에서 제기되는 아이디어와 문제, 그리고 이것들이 맥락에 대한 정보에 입각한 고려와 관련하여 가장 잘 이해되는지에 대한 고려에 있을 것이다. 이 탐구 영역에서 학생들은 문학 텍스트가 정치적 또는 사회적 환경의 일부 측면을 어떻게 조명할 수 있는지, 또는 사건에 대한 더 미묘한 이해가 문학 텍스트에 대한 그들의 이해 또는 해석에 어떻게 영향을 미칠 수 있는지 검토한다. 맥락 연구는 문학 텍스트와 세계 간의 고정된 일대일 관계를 의미하는 것이 아니라, 전자를 시간과 공간에 걸쳐 강력한 "비인간 행위자"로 본다.

시간과 공간은 다음 안내 개념 질문을 고려하여 문학 텍스트의 개방적, 복수적 또는 국제적인 본질에 대한 학생들의 이해를 넓히는 것을 목표로 한다.

- **시간과 공간의 안내 개념 질문:**

- 문학 텍스트의 생산 및 수용에 문화적 또는 역사적 맥락이 얼마나 중요한가?
- 우리와 다른 시대와 문화의 문학 텍스트에 어떻게 접근하는가?
- 문학 텍스트가 다른 문화에 대한 통찰력을 얼마나 제공하는가?
- 문학 텍스트의 의미와 영향은 시간이 지남에 따라 어떻게 변하는가?
- 문학 텍스트는 문화적 관행을 어떻게 반영하거나 나타내거나 그 일부를 형성하는가?
- 언어는 사회적 구분과 정체성을 어떻게 나타내는가?

- **사족 3**

이 과정을 선택하는 학생은 극 소수이지만 문학 창작과정이다. 보다 많은 학생들이 선택하기를 기대해 본다.

Extended Essay

언어 및 문학 연구의 익스탠디드 학생들에게 특별한 관심이 있는 문학 또는 언어학 주제에 대한 독립적인 연구를 수행할 기회를 제공한다. 또한 학생들이 선호하는 텍스트와 작가를 탐구하고 언어 및 문학 과정 연구에서 습득한 분석 및 해석 기술을 적용하고 이전할 자유를 허용한다. 이는 고급 연구 및 작문 기술, 지적 발견, 비판적 사고 및 창의성을 촉진하기 위한 것이다.

모국어 과정의 익스탠디드 에세이는 수업에서 연구된 텍스트나 작품을 기반으로 할 수 없다. 그 목표는 언어 또는 문학 분석에 대한 유효한 접근 방식을 식별하는 것이어야 한다. 주제의 처리는 분석적이어야 한다. 학생이 보조 자료를 연구할 수 있지만, 확장 에세이는 주로 주제에 대한 독립적인 반응으로 구성되어야 한다. 확장 에세이에는 네 가지 유형이 있다.

문학에 초점을 맞출 수 있다. 학생은 에세이가 제시되는 언어로 원본으로 쓰인 문학 텍스트 또는 텍스트를 기반으로 하는 카테고리 1과 에세이 언어로 원본으로 쓰인 문학 텍스트 또는 텍스트를 다른 언어로 원본으로 쓰인 하나 이상의 문학 텍스트와 비교하는 카테고리 2 중에서 선택할 것이다. 비문학에 초점을 맞출 수 있으며, 이는 카테고리 3 에세이가 될 것이다. 이 접근 방식은 에세이가 제시되는 언어로 원본으로 제작된 비문학 텍스트의 제작 및 수용을 강조해야 한다. 익스탠디드 에세이가 다른 언어 및 문화와의 비교 및 대조를 포함할 수 있지만, 주요 초점은 연구되는 언어의 언어 및 문화에 있어야 한다. 문학 텍스트와 그 공연 간의 관계를 검토하고, 둘 사이에 존재하는 창의적이고 비판적인 관계를 검토할 수 있다. 이 옵션에 관심이 있는 학생들은 문학 및 공연 익스텐디드 에세이를 선택하고, 따라서 텍스트와 그 공연을 야기하는 변형 모두에 대한 탐구에 집중할 것이다. 이것은 학생이 언어 및 문학 과정 연구를 포함하여 작성할 수 있는 두 가지 종류의 학제 간 확장 에세이 중 하나이다. 문학 및 공연 확장 에세이가 창의적인 요소를 포함할 수 있지만, 분석과 논리적인 주장은 성공의 기본이다. 동시대적인 글로벌 중요성을 지닌 문제를 조사하는 학제 간 연구 프로젝트인 세계 연구 확장 에세이가 될 수 있으며, 두 DP 과목의 방법, 개념 및 이론을 활용한다. 주제는 다음 여섯 가지 지정된 연구 영역 중 하나에서 가져와야 한다

- 갈등, 평화 및 안보
- 문화, 언어 및 정체성
- 환경 및/또는 경제 지속 가능성
- 평등 및 불평등
- 건강 및 개발
- 과학, 기술 및 사회

이것은 모든 DP 과목에서 사용할 수 있는 옵션이다. 그러나 문화 언어학, 미학, 담론 분석 및 비판적 관점과 같은 언어 및 문학 연구의 핵심 요소는 여섯 가지 글로벌 주제 전반에 걸쳐 폭넓게 적용될 수 있으며 학생들의 글로벌 의식 향상에 중요한 역할을 할 수 있다.

Epilogue

길이 끝나자 여행은 시작되었다.

이제 글로컬 K-문학이라는 길이 끝나간다. 문학이란, 길이 끝났을 때 시작되는 여행과 같다.

지난 봄 남극을 여행하였다. 우슈아이아라는 세상 끝의 마을에서 지구의 길은 끝이 났고 나의 남극 여행은 시작되었다. 이제 우리는 우슈아이아에 도착하였고 '세상의 끝'이라는 기차에서 내린다. 저 멀리 빙벽이 보인다. 그러나 이제 여행은 시작된다. 독자 여러분의 여행도 시작이다. 여러분 각자의 흥미진진할 인생이라는 여행이든 한국 문학이 또 다른 차원으로 올라서는 여행이든 한국 문학이 또다른 세계 최고의 장르물들을 만들어 내는 여행이든 그 여정이 시작될 것이다.

잊지 마라. 한국 문학은 여러분이 슬플 때 같이 슬퍼하고 여러분이 기쁠 때 진정 함께 기뻐하며 역사가 제대로 흘러 가는지 파수꾼 노릇을 할 것이다. 여즉 그러하였듯이.

세상의 책 글로벌 이슈
르몽드 디베르 2편
글로컬 K-문학

초판 1쇄 발행 2025년 7월
지은이   윤철오
펴낸이   이아영
책임편집 황혜진
펴낸 곳   세상의 책

주소 서울특별시 서초구 남부 순환로 2311-12
전화 010 7765 2677

본 서적의 내용 및 디자인에 대한 권리는 도서출판 세상의 책에 귀속되어 있으므로 책 내용 및 디자인의 사용 시 세상의 책으로부터 서면동의를 반드시 받아야 합니다.